相差かまど

日本 一日遠方

ひとひ えんぼう

張維中

暢銷增訂版

發現隱藏版日本！36個一定要走的經典輕旅行

【新版序】

一日，遠方

張維中

《日本，一日遠方》裡的「一日」指的不是一天之內的旅行，而是極度禪意的說法。一日通常念作「いちにち」（ichinichi），但這裡的「一日」念成「ひとひ」（hitohi），包含三層意思，分別是：生命中的某一天；古語中「一日中」喝著茶悠閒度日之意境；以及新月、朔月之際，有著新開始、新出發之意。

至於「遠方」對我來說，是離開東京以後的日本，更是心理層面所嚮往的遠鄉。其實只要是跳脫日復一日的單調生活，離開習以爲常的熟悉場域，那麼就算只是鄰近的他城，在心的距離裡，也是一種遠方。「一日」與「遠方」因此是一種「決定就在這一日離開，並且朝向目標」的生活概念。

這本書裡挑選的地方，是要給到訪日本，但不執著於市區逛街的「初心者」旅人。從北到南的重點，認識不一樣的日本，就從這一本書開始。

想像一下，如果眞有那麼一天，可以來一段期間限定的日本環島，你想從哪一個地方開始呢？我的起點，會是北海道我最愛的城市函館，南下東北，途經新潟、輕井澤與草津溫泉。途經關東的箱根和伊豆半島，再到近畿的伊勢神宮、和歌山、京都和大阪，轉往山陰山陽，最後抵達九州和沖繩。想要舊地重遊的地方那麼多，還未抵達的遠方已在默默呼喚。

倘若沒有那麼長的時間也無妨。隨意從書中挑一個景點，決定好適合上路的那一日，心無旁騖地出發吧。

恰好的距離，小小的遠方。在陌生的城鎮裡，來一次新的開始。從淳樸的風土民情中，找回心的初衷。

感謝在旅程中，曾經陪伴我一起走過的朋友，以及與我爲善的陌生人。遠方的每一日，因爲你們，回甘如茶。

啜飲記憶，忙裡偷閒，明日又是新月如鉤的開始。

CONTENTS

CONTENTS

HAKODATE

函館

地上的星光

「抬頭看見的星空固然美麗，
但我更願意凝視地上的星光，
那是我能夠走進的世界。
在閃爍的燈火之中，
必然有一些什麼
等待著與我發生。」

交通資訊

① 飛機

▶行駛路線：

羽田機場 → 函館機場

飛行時間　1小時20分鐘

② 電車

▶行駛路線：

東京 —新幹線→ 新函館北斗 —JR函館線→ 函館

行駛時間 約4小時45分

▶票券購買：

JR PASS（外國觀光客可利用）

詳細購買、價格與使用方式，請參考官方網站
http：//www.japanrailpass.net/zh/zh001.html

北海道函館是日本鎖國時代後，率先對外開港的幾座城市之一，相較於其他北海道的城市，更早吸收到外來文化，無論是建築、飲食文化和街道氣氛，都受到很大的影響，是一座和洋融合的美麗港都。許多人問過我，去過日本那麼多地方，最喜歡哪一座城市？我的回答往往是，東京以外，最想長居的地方就是函館。

入舟番屋自製醬油（上）；
花枝生魚片定食（下）

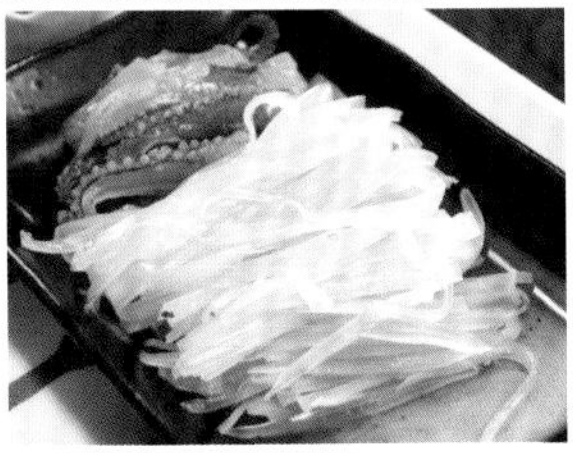

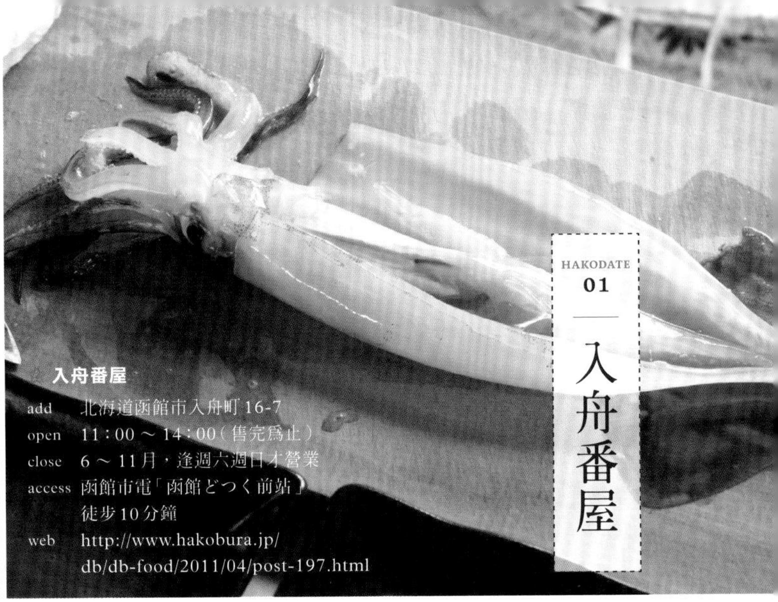

HAKODATE
01

入舟番屋

入舟番屋

add 北海道函館市入舟町16-7
open 11：00～14：00（售完爲止）
close 6～11月，逢週六週日才營業
access 函館市電「函館どつく前站」徒步10分鐘
web http://www.hakobura.jp/db/db-food/2011/04/post-197.html

吃自己釣的函館花枝！

搭乘行走青函海底隧道，穿越過津輕海峽的「JR Super白鳥95」號，告別青森，也離開本州，抵達了函館車站。這是我第三次踏上北海道函館的土地。

函館漁獲豐富，尤其盛產花枝，素有「花枝之都」的暱稱。故來到函館，必然得找一間地道的花枝鄉土料理餐廳。就在函館市入舟町，有一處名爲「入舟番屋」的地方，是由函館市漁業協同組合所經營的餐廳，可以保證讓遠道而來的旅人，吃到最新鮮的函館花枝。怎樣算是保證最新鮮的呢？因爲，你吃的花枝，會是由你自己釣起來的！

「入舟番屋」特別之處在於，老闆會先將你帶到放著幾個大魚槽的屋子裡，交給你釣具，讓你體驗釣花枝的樂趣。花枝活蹦亂跳的，游的速度又快，該怎樣讓牠上鉤，實在不是件簡單的事。一不小心，還可能被牠噴得全身是水。雖然狼狽，不過恐怕也是大家從未體驗過的有趣經驗！

當然，要是眞的沒辦法釣上鉤，店家還是會幫你的。總之，最後被帶到隔壁二樓的餐館，現場立刻製作的花枝生魚片定食（イカ刺し定食），就會用專屬於你的那條花枝來料理。

花枝生魚片定食定價日幣一五〇〇圓。包含釣花枝體驗費、花枝生魚片、味噌湯、小菜馬鈴薯和下酒菜的鹽辛（しおがら），以及白飯。所有的花枝都是當天早上才從函館港捕獲的新鮮烏賊，而料理的廚師清一色都是女性。原來，早上出海捕魚的是先生，而妻子就負責掌廚。

掌廚的阿姨說，看花枝的切片充滿了透明光澤，新鮮的程度即使在東京的築地市場也見不到。即便說是從函館直送東京，也不可能比在這裡食用還要新鮮。而且，以這樣一套生魚片定食來說，在東京吃恐怕要三倍以上的價錢。

HAKODATE 02

函館朝市

饒富生命力的熱情食堂

想更方便吃到函館的新鮮海產，當然就是到函館車站旁的函館朝市了。種類豐富的新鮮海產雖然不能帶出國，但可以選擇在朝市的食堂食用，或購買能夠攜帶回國的乾貨也不錯。

函館朝市內的店家，店員都非常熱情。大概是台灣遊客實在太常來此「貢獻」了，故連店門口都懸掛起國旗來。除了海鮮，朝市內也販售當季水果。切片的北海道哈密瓜，一片只要日幣一百圓到兩百圓之間，便宜又好吃。

這天選擇的食堂，是在朝市內的「榮屋食堂よさこい」。由於這間店擅長接待觀光客，所以對外國旅客也很熱情。食堂提供約八種新鮮海鮮丼飯，價格從日幣二〇〇〇圓到四八〇〇圓，視大小跟內容而不同。隔壁的物產店可以買到新鮮海產或乾貨，多達五百種以上。

在店裡用餐時，特別注意到牆上跟柱子上，都用膠帶貼了一條紅色的線。是什麼意思呢？走近牆上貼有照片的地方，才知道原來這是311東日本大震災當日，函館受災淹水的高度，一旁的照片則可見到當時店裡的慘狀。

地震時那幾天的新聞，幾乎都鎖定在東北，很少人知道原來北海道函館也受到海嘯嚴重的侵襲。函館朝市幾乎也被海嘯給淹沒了，在努力復建之後，才終於再展活力。

函館早市 榮屋食堂
（函館朝市 栄屋食堂よさこい）

add 北海道函館市若松町10-9
open 6：00～14：00（全年無休）
access JR函館站，徒步3分鐘
web http://r.gnavi.co.jp/85ezna1g0000/

推

現秤帝王蟹；哈密瓜特寫

HAKODATE 03

函館市區散步

函館是個依山傍海，有坂坡、也有路面電車（函館市電）的特色城市。想要體會這座城市的美，走馬看花是一大禁忌。無論是搭乘叮叮噹噹的有軌路面電車或者步行散策，總之，一定得放慢腳步才行。

五稜郭與元町

函館市區內的五稜郭是首次到訪函館的旅人，一定不會錯過的景點。五角形的五稜郭是一座西式要塞，建於十九世紀中葉，當時統御函館的行政中心「箱館奉行所」便是設置在此。

從五稜郭塔上可鳥瞰整座遼闊的五稜郭公園。春天公園櫻花盛開之際，是登高望遠的旺季。明明是亮晃晃的白晝，俯瞰著五稜郭城，卻感覺像是一顆大星星似的，靜靜降落在函館的土地上。

函館哈利斯特斯教堂

在一九八五年開始研究復原計畫，二〇〇六年展開重建，並終於在二〇一〇年開放的「箱館奉行所」內，可以目睹重現出近一百四十多年前的幕府末年，館內當時的景象。當然，也可得知五稜郭與函館的詳盡歷史。

元町在函館山的山腳下，早期是洋人居住之處，故留下了許多教堂和西式建築。石坂坡道，有十九條傾斜的街道直達港口。較爲出名的有八幡坂、魚見坂、基坂、大三坂、二十間坂等坂坡。街道，起伏如靜止的浪，延伸出和洋混合風格的建築，緩緩散步在其中，不僅散心，也能欣賞建築之美。

鳥瞰五陵郭

五稜郭

add　北海道函館市五稜郭町 43-9

open　4月21日～10月20日 8：00～19：00
10月21日～4月20日 9：00～18：00
五稜星の夢期間中（冬季）9：00-19：00

access　函館市電「函館站前」至「五稜郭公園前」下車，徒步約15分鐘
或搭乘巴士「函館站」至「五稜郭公園入口」下車，徒步約7分鐘

web　http://www.goryokaku-tower.co.jp

坂坡觀光網站　web　http://www.hakobura.jp/walk/post-35.html

元町教會觀光網站　web　http://www.hakobura.jp/db/db-view/cat227/

元町天主教堂（カトリック元町教会）：內有羅馬教皇致贈的祭壇和聖像。

函館哈利斯特斯教堂（函館ハリストス正教会）：希臘正教在日本最初傳教之處。

舊函館區公會堂（旧函館区公会堂）：明治時代以此爲中心，建造了許多行政機關。地點位於基坂。此一斜坡因爲是當初函館道路建設的基準點，所以稱爲基坂。

舊函館區公會堂外觀

HAKODATE
04

美鈴咖啡

北海道咖啡的起點

一九三六年就在此營業的美鈴咖啡總店外，放了一台置於玻璃櫃的咖啡焙煎機。原來，這就是北海道的第一台焙煎機。咖啡種類雖然繁多，但最爲推薦的是最簡單的「Blend (Premier) Coffee」綜合咖啡。沒有過多的苦味，後勁亦保持甘醇的味道。不加糖也不加奶精，喝著咖啡的原味，相當順口。

以咖啡來製作的甜點也頗受歡迎。比方咖啡霜淇淋，跟其他店家的咖啡霜淇淋著重於咖啡味道有所不同，這裡的霜淇淋牛乳的味道也很濃烈，是介於北海道牛乳跟咖啡之間的冰品。另外，還推薦咖啡凍。不帶甜味的香濃咖啡凍，單吃或許有人會覺得苦，那麼配上一層厚厚的、帶著甜味的咖啡鮮奶油一起吃，味道就綜合得恰恰好了。

【日本最老的咖啡店】

日本最早喝咖啡的四座城市是函館、橫濱、神戶與長崎。函館美鈴咖啡的總公司「鈴木商店」成立於一九三二年，迄今已有八十年以上歷史。因爲戰爭緣故，咖啡館毀於戰火，同時禁止輸入咖啡，直到一九三六年，才在函館市的大門地區重開。原本爲鈴木商店的店名，經過市民投票，決定了現在通用的店名：美鈴咖啡。

咖啡焙煎工房
函館美鈴 大門店

add　北海道函館市松風町 7-1
open　10：00～19：00
access　函館市電「函館站前站」徒步約 2 分鐘
web　http://www.misuzucoffee.com/

推

咖啡霜淇淋；咖啡凍；綜合咖啡（由左至右）

HAKODATE

05

超高人氣 LUCKY PIERROT漢堡

函館限定的花枝漢堡

充滿懷舊風的店面，像是七〇年代美國高速公路旁會出現的漢堡店。LUCKY PIERROT每間店的風格都不太一樣，但都是來自老闆的點子。

創辦人在開店以前，在千葉縣經營中國餐館。也難怪不只收銀櫃檯有中國風，漢堡也是。人氣指數最高的漢堡，是「中式炸雞漢堡」。炸雞夾在漢堡包裡，酸甜的醬料也從中國菜取經而來，完全抓住了日本人愛好改良口味的癖好。除了人氣漢堡，店內幾款巨無霸漢堡也頗受年輕男性歡迎。每當店裡有客人點巨無霸漢堡送上來時，店員就會搖鈴，誰有能耐吃下這麼大的漢堡，頓時成爲全場注目焦點。

五月到十月推出限定期間的花枝漢堡，使用的花枝號稱非冷凍食材，是直接去市場買來的。之所以如此耗費精力，全是因爲LUCKY PIERROT堅持食材的新鮮，不願毀了函館「花枝之都」的美譽。

由於堅持使用北海道南部生產的材料製造漢堡，達到當地產銷的「地產地銷」的概念，又不願意用冷凍過後的食材，故多年來無論外界多麼熱情邀約，LUCKY PIERROT都不願意到函館以外的地方展店。

推

中式炸雞漢堡（右）；巨無霸漢堡（左）

LUCKY PIERROT

add　北海道函館市若松町17-12（函館站前棒二森屋本館1樓）
open　10：00～0：30（週一至週五、週日）、10：00～1：30（週六）
access　JR函館站前，徒步4分鐘
web　http://www.luckypierrot.jp

☆ 函館啤酒Hall
（みなとの森 函館ビヤホール）
add 北海道函館市末広町14番12号
open 11：30 ～ 22：00（平日）
11：00 ～ 22：00（假日）
access 函館市電「末廣町站」徒步約3分鐘
web http://www.hkumaiyo.com

HAKODATE
06

灣區金森倉庫群

金森紅磚倉庫

這裡有點類似橫濱的紅磚倉庫，不過周圍更有海港的氣氛。到了晚上總是容易起霧的函館，讓打著昏黃燈光的金森紅磚倉庫，呈現出一片霧茫茫的金色景致，更爲此地增添不少浪漫的風情。

這一晚，我和同行的夥伴們，在金森倉庫群的函館啤酒Hall裡，挑了這間「みなとの森」共進晚餐。既名爲函館啤酒Hall，當然一定不能錯過北海道啤酒了。各式各樣的北海道與函館啤酒，有帶甜味的，也有濃厚口感或淡味，各種口感都可以任君選擇，或請店員推薦。如果完全沒什麼點子，可以考慮這三種：SAPPORO黑生啤酒、北海道限定SAPPORO Classic啤酒和函館紅磚瓦啤酒。喜歡帶點甜味的，建議可點函館紅磚瓦啤酒。

餐廳以西餐爲主，有不少料理走歐陸德國風，搭配啤酒，恰如其分。當然，若想享用函館海鮮，也提供生魚片的和食料理。

吃飽喝足了，倘若夜裡晴朗，那麼就上函館山去看夜景吧！但如果在山下，就已經感受到濃霧的話，按照當地人的說法是即使上山了，也見不到夜景的。冬季因爲氣溫低，視野較爲遼闊，看見清晰夜景的機率也大一些。

被譽爲世界三大夜景的函館扇形夜景，讓人錯覺是地上的星盤。總是說天上的星光，每一閃，其實都已經多少光年以前的事。縱使美麗，卻不免寂寥。而函館山望下的萬家燈火，閃爍的仍是現在進行式的故事。一些愛戀，一些憂愁，眞實的人間煙火。

抬頭看見的星空固然美麗，但我更願意凝視地上的星光。那是我能夠走進的世界。在閃爍的燈火之中，必然有一些什麼等待著與我發生。我是這麼相信著，也將如此相信下去。

【金森紅磚倉庫】
正對港口灣區，是浪漫函館的象徵之地。此地有一叢明治時代後期留下來的紅磚倉庫，改建成餐廳商店街，故名爲「金森紅磚倉庫」（金森赤レンガ倉庫）。

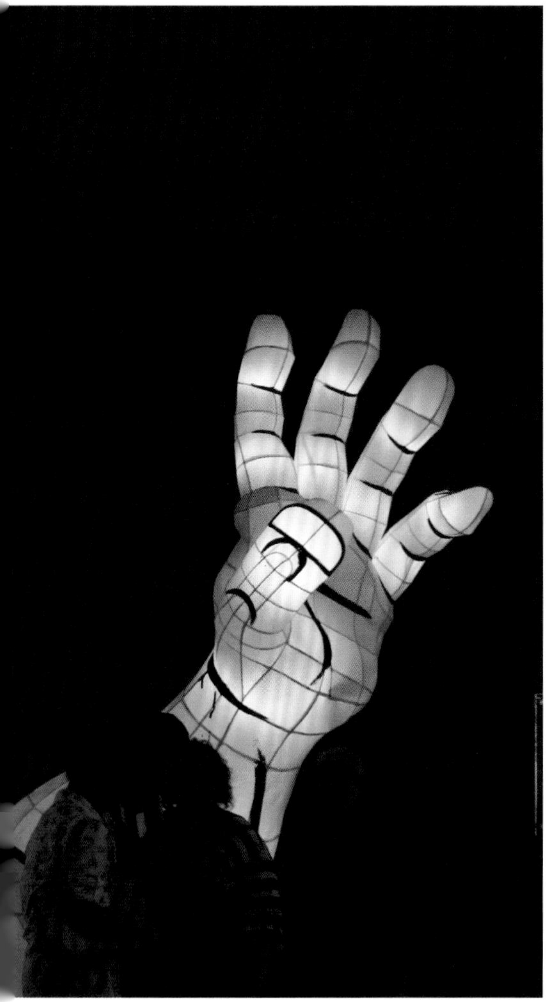

AOMORI

青森

睡魔走過夏日的街

「衝吧！
一切的一切。
我聽見車廂裡傳來
孩子們津輕弁的口音，
彷彿散發出蘋果的滋味。」

交通資訊

① 東北新幹線

▶行駛路線：

東京 → 新青森

行駛時間 3小時10分鐘

② JR特急白鳥號

▶行駛路線：

新青森 → 青森

行駛時間 6分鐘

▶票券購買：

JR車站

提起青森，怎能不想到蘋果？總覺得一個地方能以一種水果的形象被記憶著，是一件很甜美的事情。彷彿讓生長在這裡的人，也跟著健康自然起來。縱使放下了蘋果，青森仍有許多值得前往並留在回憶裡的美好去處。例如搭乘「五能線」海景列車探訪自然景觀令人讚歎的十二湖「青池」；或到專賣生鮮的「古川市場」大啖海鮮蓋飯；又或者來一趟夏日祭典文化之旅，跟著睡魔（ねぶた）一起逍遙逛大街。

AOMORI 01

雪迎弘前

弘前煉瓦倉庫美術館（弘前れんが倉庫美術館）

add　青森県弘前市吉野町2番地1
open　9:00 ~ 17:00
close　週二，新年假期
web　https://www.hirosaki-moca.jp
（2020年4月開幕，若有更動詳情請見官網公告）

A to Z Memorial Dog

來青森旅遊之前，一直把旅遊的重頭戲放在青森市，對於青森縣的另一座城市弘前，老實說，沒有過多的期待與想像。不過，就當我踏進距離並不遠的弘前市時，弘前給了我一股意外的驚喜。

起初，來到弘前的最大原因，是奈良美智。奈良美智在青森常設的兩隻巨型狗雕塑，一隻在青森縣立美術館，另一隻就在弘前市內。這隻狗收藏在「弘前煉瓦倉庫美術館」（弘前れんが倉庫美術館）內，好溫馴的表情。彷彿也是那麼老實的，即便是大雪紛飛的冬天，也仍靜靜地等著所有遠道而來的旅人。似乎懂得傳遞什麼幸福的訊息似的，深怕一天休息了，就會錯失任何的可能。

狗狗名叫「A to Z Memorial Dog」，跟青森縣立美術館的「青森犬」設計不同。這隻狗是全身造型，表情跟動作看起來比較開朗一點。去看牠的時候正飄著雪，整個公園都好安靜，只有雪默默落在牠身上，化成水滴，或者掠過牠的身體，堆積在牠腳邊。

弘前煉瓦倉庫美術館的英文名稱爲「Hirosaki Museum of Contemporary Art」，前身是明治、大正時代建設的吉井酒煉造瓦倉庫、吉野町煉瓦倉庫。二〇二〇年春天，由建築師田根剛操刀改修成爲全新面貌的美術館。奈良美智的「A to Z Memorial Dog」在整修期間回籠冬眠，在新美術館開幕後再度現身，繼續迎接著遠道而來的旅人。

【奈良美智】
青森縣弘前市人。青森縣立弘前高中畢業，武藏野美術大學退學後，轉至愛知縣立藝術大學就讀。一九八七年到德國留學，一九九〇年代赴美，曾於加大洛杉磯分校擔任客座教授。著名作品多以大眼娃娃和小狗爲主題。

AOMORI
02

青森縣立美術館

奈良美智坐鎮

奈良美智的作品「青森犬」坐鎮，早已成爲美術館的象徵。奈良美智出身於青森，因此館方特地邀請他爲美術館打造一尊高達八．五公尺的雕塑犬，那也正是奈良美智的代表作品之一。新幹線通車到新青森站的平面廣告之一，就是用這隻青森犬做宣傳海報。

很多人都是因爲奈良美智而特地前往青森。現在除了蘋果，對藝文人士來說，青森終於也有了新的形象。此外，館內也收藏包括奈良美智在內的青森在地藝術家作品。

從青森站前搭乘公車，約四十分鐘可抵達美術館。因爲擔心休館的時間，我們便搭了計程車。計程車開到美術館外的庭園外，因爲積雪，就駛不進去了。我們下車，從大門走向美術館。冬天來到青森，正逢雪季，步道是刻意鏟出來的。從兩旁高達起碼十幾公分高的積雪看來，不難想像，在我來到以前，這裡下了多麼瘋狂的大雪。

二〇〇六年開放的青森縣立美術館，純白色系色調的建築設計，出自日本建築設計師青木淳之手，低調卻醒目。昏暮以後，白色的外牆會亮起藍色的光芒，在一片靄靄白雪中，冰涼的空氣裡，夢幻中顯得淒美，卻也有幾絲寂寞。離開時我一直在想，那隻青森犬，會不會也想要有人陪？

青森縣立美術館（青森県立美術館）

add　青森県青森市安田字近野185
open　10月1日～5月31日 9：30～17：00（最後進場時間16：30）
6月1日～9月30日 9：00～18：00（最後進場時間17：30）
close　每月第二、第四週的週一（逢假日順延翌日）
12月27日～12月31日
access　從「新青森站」南口巴士站停搭巴士
至「県立美術館前」下車，約10分鐘
web　http://www.aomori-museum.jp

AOMORI 03

舊弘前市立圖書館

懷舊的異國風情

弘前市區內的建築都好美，有不少美麗又充滿懷舊感的「洋館」，讓街道溢滿浪漫的異國氣氛。所謂的洋館，就是百年前日本開放西方人經商時，西方人所建造而遺留下來的建築。如今這些建築物都被保留下來作爲參觀或文物展示之用，或仍繼續擔負著教會佈道的角色。

其中比較吸引我的是「舊弘前市立圖書館」這棟由堀江佐吉設計的八角形雙塔建築。過去作爲圖書館使用，如今室內仍流淌著濃郁的書卷味。同一個區域裡，還有「舊東奧義塾外人教師館」，是當年青森縣的第一所私立學校。除了保留往昔的室內擺設及相關的文物展示，一樓還開設了咖啡館。

正對舊弘前市立圖書館的，便是弘前市立觀光館與弘前市立鄉土館，正展覽著太宰治誕辰百年紀念展。雖然已經到了休館時間，阿姨大概感受到我們無論如何都不想錯過的誠意吧，仍好心的讓我們進去，甚至連門票都不收了。

離開時，已快要入夜，抬頭看見天空墨成一片詭譎的藍色，數不清的烏鴉突然間盤旋在天，像是要把天空給吃掉似的，很是驚恐。像是控訴著什麼，在褪色的斜陽，夜雪尚未落下之前。

舊弘前市立圖書館
（旧弘前市立図書館）

add　青森県弘前市大字下白銀町 2-1
open　9：00～16：30
close　12月28日～1月3日
access　JR 弘前站徒步約30分鐘
可搭乘弘南巴士「駒越線」或
「茂森新町線」到「市役所前」下車
徒步1分鐘
web　http://www.tcn-aomori.com/culture-025.html

舊弘前市立圖書館；
舊弘前市立圖書館內部（由左至右）

AOMORI
04

五能線海景列車

夏日推薦行程

倘若是夏天到青森，建議可從秋田車站沿著五能線，搭乘JR白神號觀光列車（リゾートしらかみ）進入青森縣。這一段鐵道的列車是沿著日本海走，可以窺見美麗的窗外景致。從東能代到鰺澤站之間能見到海景，從鰺澤站至五所川原站之間是山景，至於從五所川原站至川部站則是奔馳在蘋果果園中。風景各異，多有特色。

白神號觀光列車依照車廂編成的不同，分成青池號、くまげら號和ブナ號三種。這一天，搭乘的是「青池號」列車。從外到內，整節列車都相當新穎，座位也十分寬敞舒適。我們的目的地是五能線上的「十二湖站」，不過途中值得一提的是「能代站」。

列車一停靠在能代站時，就見到電車裡的許多人立刻衝出車廂往月台上跑。怎麼回事呢？原來，能代站暱稱爲「籃球之街」，在月台上設立了一個籃框，凡是在列車停靠時到月台上投球進籃者，就能獲得紀念章。所以，知道原委的人才迫不及待衝向月台，利用短暫的列車停靠時間排隊等待投球。

至於爲何此地會成爲「籃球之街」呢？原來是這裡的能代工業高等學校，在每年舉辦的籃球全國大會上，曾贏得五十次的制霸紀錄，故贏得美譽。

能代站月台上的籃框

五能線白神號 青池Hybrid觀光列車（リゾートしらかみ青池ハイブリッド）

web　http://www.jreast.co.jp/akita/gonosen/train/index.html

AOMORI 05

白神山地 十二湖

如夢如幻的青池

橫跨秋田縣和青森縣之間的白神山地，是登記於世界遺產下的自然景觀。整個白神山地的占地相當廣大，且並非所有地方都有開放。在觀光客可以進入的地區之中，最具人氣的當屬「十二湖」區域。要走完整個十二湖散步路線，恐怕需要好幾個小時。倘若時間不多，一定不能錯過包含「青池」在內的黃金路線，走完約一個小時。

青池眞是久仰大名，終於來到池前時，才能體會看過一次就不可能模糊記憶的感受。因爲日照和湖底折射的日光，讓被綠葉包裹的池水，呈現出青翠湛藍且帶著透明感的色澤，十分夢幻。

山毛櫸自然林則是一片占地廣大的森

十二湖庵旁飲用泉水處

十二湖庵茶屋
現泡抹茶
及特製茶點

休憩用餐區

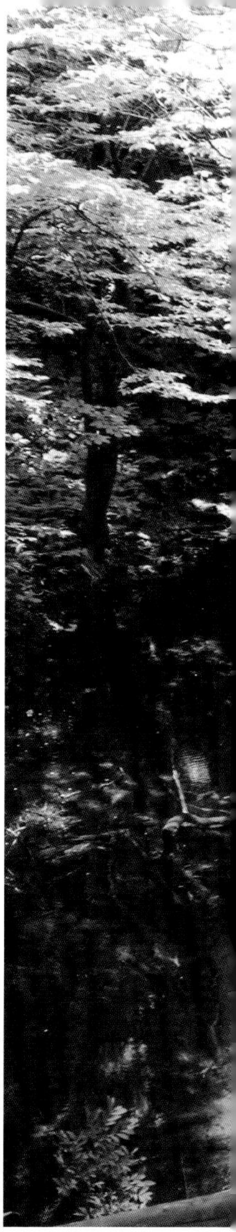

白神山地十二湖

web　http://www.shirakami-jyuniko.jp

十二湖散策導遊

cost　青池散策路線，每人日幣五〇〇圓
　　　青池與沸壺之池散步路線，每人日幣一〇〇〇圓
access　在奥十二湖停車場巴士站下車
　　　向當地等候的導遊直接報名申請
web　http://www.shirakami-jyuniko.jp

林，一條聯結著湖水之間的散步道，特色是沿路的高山植物與稀有的野鳥啼叫。抵達的「沸湖之池」則是一處類似於青池的地方，湧出的白神山地泉水，向下游流去，經過「十二湖庵」茶屋成爲泡製抹茶的飲用山泉。質樸山泉泡出來的抹茶，搭配特製茶點，在茶屋裡小憩一番，才驚覺一小時的散步路線已然結束。美景印象仍殘著在腦海中，竟一點也不覺得爬山的疲憊。

十二湖庵旁設置了飲用泉水的地方，記得一定要舀幾瓢水來喝喝。被選爲「平成名水百選」的泉水，帶著沁涼純淨的口感，是外頭買不到的美味。我和同行夥伴忍不住把水壺都裝滿了，一整天都帶著白神山地的泉水喝，也算是將身體徹底融入了青森的大自然。

【十二湖黃金路線】

出發點：森之物產館（森の物産展 キョロロ）／500m↓青池／100m↓山毛櫸自然林（ブナ自然林）／500m↓沸湖之池／250m↓十二湖庵（茶屋）／450m↓森之物產館

AOMORI 06

WeSpa椿山

把大自然吃進肚子裡

在白神山地中有一處名爲「WeSpa椿山」的渡假村，在離開十二湖後的這天中午，我們來到此地用午餐。吃的也是青森縣自豪的海鮮料理。美食下肚以後，來到一旁的物產館，看見販售著紅蘿蔔霜淇淋，覺得好奇。一問之下，才知道原來因爲這一帶夠冷，因此盛產甜美的紅蘿蔔，成爲該地特產。

在物產館旁有登山纜車，單程約八分鐘，可坐到風車之丘「白神展望台」上鳥瞰風景。一面是山，一面望海，令人印象深刻的遼闊美景。

推

青森出產海鮮料理（上）；
紅蘿蔔霜淇淋（下）

風車之丘白神展望台外觀

WeSpa椿山
web http://www.wespa.jp

登山纜車（スロープカー）
web http://www.wespa.jp/institution/slopeplatform.html

十二湖路線巴士
web http://www.konanbus.com/travel/junilake.html

成串的風乾花枝（下）；千疊敷岩岸立碑註記文學家太宰治曾到此一遊（右）

AOMORI
07

千疊敷岩岸・森林中的果樹園

一整個夏天像日劇般上演

途經「千疊敷」岩岸海岸線，一片片像是鋪著千百疊榻榻米的特殊地形，是數百年以前因地震而造成的。海床隆起的地勢，在經年累月中受到海水沖刷侵蝕，形成各式各樣如潮吹岩等特殊形狀。也因爲弘前城藩士曾爲了欣賞美景，而在此地鋪設了近千百張的敷布，故得名千疊敷。青森出身的日本文學大家太宰治，曾到此觀賞此景色，小說《津輕》裡也提到過此地。現在這沿岸河堤上，還立有太宰治的文學紀念碑。

在海岸上的海鮮小屋，有不少店家都在門前賣起現烤花枝。買幾串烤花枝來嚐嚐吧！遠眺著碧海藍天，品嚐起青森小吃美味，陽光刺眼但不炙熱，感覺一整個夏天都像是日劇一樣，在自己面前上演。

「森林中的果樹園」是一處人工果園，在青森，許多果園都以採收蘋果爲號召，唯有森林中的果樹園反其道而行，栽培其他種類的水果，讓旅客多一項選擇。七月夏天來訪之際，果園裡多是櫻桃，並殘留著少量的草莓，另外還能見到薰衣草。嚮往果園採收體驗的旅人們，或許也可以將此地列入青森旅程的計畫之中。

森林中的果樹園（森の中の果樹園）

add 青森県弘前市大字十面澤字轡426
open 9：00～17：00
close 11月～6月中旬
其他時段公休日請參照官網公布
access 弘前市內搭乘計程車約30分抵達（無大眾交通工具）
web http://www.morikaju.jp

AOMORI

08

太宰治斜陽館

大宅裡塵封的哀愁

第二天一大清早離開飯店後，驅車前往金木站，準備搭乘「津輕鐵道」電車前往下一站：津輕五所川原站。「津輕鐵道」是一條從津輕五所川原站到津輕中里的支線，奔馳在津輕平原上，沿途都是恬靜的自然風光，是日本少有且人氣極高的地方支線。津輕鐵道上有兩個重要的站，一個是津輕五所川原站，另一個就是金木站。

金木站附近，是青森縣出身的作家太宰治紀念館「斜陽館」所在地。上回來青森，就想一訪，可惜時間配合不上再加上地點有點遠，最後只好放棄。

斜陽館是一棟兩層樓的木造房。內部一樓有十一個房間，二樓有八個房間，加上山水庭園的腹地，總共占地二二四四平方米，無論當時或現在看來，都是豪宅。太宰治從出生到念中學讀書時，一直住在此地。一九五〇年斜陽館拋售後變成旅館，直至一九九六年才由金木町政府收購，九八年改成太宰治紀念館，並在二〇〇四年成爲日本國家重要文物。

在斜陽館的玄關，我回想著太宰治《人間失格》裡的描述與場面，以及作家成年後的種種遭遇和變化。都說人的一生受到孩童時代的影響最深，那麼這棟大宅裡肯定也收納了許多太宰治當年的心事。

建築不語，人去樓空，只剩下文字流傳下來那些青春與哀愁。

從金木站搭津輕鐵道，青空下耀眼的橘色列車，是以太宰治的作品《走れ！メロス》（奔跑吧！美洛斯）書名作爲列

車名。搭車的這一天，恰好接近日本即將到來的七夕，故有特別期間限定的「七夕列車雲漢號」營運。車廂裡布置了許多當地學生製作的星河裝飾與祈福短箋樹，就連列車裡的服務小姐也穿上了七夕節慶的浴衣，充滿夏日慶典的氣氛。這樣的傳統已經在津輕平原上奔馳了四十年。冬天下雪時分，列車則變身爲內部有火爐取暖的車廂，甚至還會販售傳統熱食。

在列車裡，我也寫下了七夕祈福的短箋。非關愛情，而是美景的感動，以及台灣人對於震災後東北的加油打氣。奔跑吧！一切的一切。掛上短箋，聽見車廂裡傳來孩子們津輕弁的口音，彷彿散發出蘋果的滋味。

【太宰治】

日本小說家。一生傳奇，作品風格被稱爲「新戲作派」與「無賴派」。曾出版《斜陽》、《輕津》、《奔跑吧！美洛斯》與《人間失格》等作品，後者被日本譽爲青春文學代表作之一。一九四八年跳玉川上水自殺身亡。

斜陽館

add　青森県五所川原市金木町朝日山412-1

open　9：00～17：30（4月～9月，最後入館17：00）
9：00～17：00（10月～3月，最後入館16：30）

close　12月29日

access　津軽鉄道金木站下車
徒步7分鐘

web　http://www.kanagi-gc.net/dazai/index.html

太宰治生平著作販售區

AOMORI 09

睡魔走過青森夏日的街

睡魔遊街的夏日祭典

五所川原市每年在八月初會舉辦「睡魔」遊街的夏日祭典。這項在青森各地都會舉辦的夏日活動，已經流傳了百餘年。所謂的睡魔（ねぶた）是用和紙手工糊成的巨大花燈，但五所川原市的特色在於睡魔特別高聳，高度高達二十二米，等於有七層樓高，且重達二十二公噸。睡魔下方的車台裝有輪子，由眾人推行，伴隨人群的舞蹈，緩緩遊街。

睡魔出遊的目的，是希望在炎炎夏日當中，藉著熱鬧的祭典，振奮眾人精神，把睡魔給趕走，讓大家繼續努力工作與生活，同時也有趨吉避凶的意味。

在五所川原市內，蓋了一座「立佞武多の館」，就是平時專門收藏並展示這些花燈的地方。除了提供各種文獻資料介紹這項傳統活動，樓上也是每年新花燈的製作現場，可供民眾參觀。

每一年都會打造一座新的睡魔，取代每三年就得退役的舊睡魔。每一座睡魔約耗資一千兩百萬日幣，且光是花燈下的巨大推車跟耐重輪胎，就要日幣一千多萬。睡魔的製作團員約七人，每一座睡魔的製作時間約半年。不過因爲從設計圖的審查到動工，半年的時間太趕，故從二〇一三年起將調整爲一年。

小時候過元宵節，我們都曾有手工做花燈的經驗，曾幾何時，這傳統也漸漸流失了。每年的花燈展示，大部分的花燈說穿了根本不是燈籠，只不過是把東西掛上燈飾或打光罷了。

青森的睡魔，不僅延續祭典的傳統，還將手工紙糊燈籠的職人傳統技法，一代代延續下去。文化，絕不是空有形式的湊熱鬧，而該是這樣從腦中思考，從心底、從雙手，延續下去。

【奉書紙】

花燈使用的和紙稱爲「奉書紙」，在舊睡魔拆解以後，會將這些和紙回收利用，製成其他各種再生產品。

立佞武多の館（たちねぷたのかん／Tachinebuta no Yakata）

add 青森県五所川原市大町 506-10
open 9：00 ～ 19：00（4月～9月）
9：00 ～ 17：00（10月～3月）
close 元旦
access 新青森 →（五能線電車）→ 五所原站 徒步5分鐘
web http://www.tachineputa.jp/

睡魔製作團員工作情形

睡魔之家Wa Rase
（ねぶたの家 ワ·ラッセ）

add　青森県青森市安方1-1-1
open　9：00～19：00（五～八月）
access　JR青森站，徒步1分鐘
web　http://www.nebuta.jp/warasse/

AOMORI
10

睡魔之家Wa‧Rase

睡魔封面蘋果口味果汁；自製睡魔軟體；睡魔燈籠展示品（由左至右）

睡魔展示館

除了青森縣五所川原市的「立佞武多の館」，青森市內也有一座睡魔展示館。爲了傳承並宣傳這項傳統文化，青森市特別在車站附近興建了一座「睡魔之家Wa Rase」，藉此展示睡魔燈籠的技藝與祭典的歷史。跟五所川原市的睡魔不同，青森市的睡魔不以高度取勝，而是較爲寬廣的橫向發展，在寬九米、深七米、高五米的制式尺寸中，設計出五彩奪目的花燈主題。

在這裡除了能賞花燈，還有多種文獻資料與互動式參與，例如可透過螢幕畫出自己專屬的睡魔模樣，十分有趣。

青森市的睡魔同樣也會在一定期限內解體。拆除後的睡魔，和紙則用來做成神社裡的御守，延續神明守護的力量。

AOMORI
11

青森市區國民美食小散步

自製海鮮丼飯

在青森市區內的青森魚菜中心，俗稱「古川市場」，是一處販售生鮮魚肉，並提供民眾在各個攤位購買少量海鮮，然後裝成丼飯（蓋飯），在市場內休憩處食用的地方。市場裡的魚貨當然都是青森每天捕獲的新鮮海產。對只想要吃自己喜歡海鮮的人來說，選自己想吃的，做自己的丼飯，是再好不過的事了。

這個稱爲「のっけ丼」（Nokke Don）的購買步驟如下：（一）在入口處購買餐券。面額分成日幣一五〇〇圓跟七五〇圓兩種。（二）購買海鮮配菜和飯。先到店舖前掛著橘色旗子的店家，購買白飯用券換，小碗一張，大碗兩張。再到掛著藍色旗子的店家，購買想吃的海鮮。（三）到休憩處享用美食。

A-Factory

丼飯套餐

亞希炸豬排

位於青森車站不遠處的亞希炸豬排，是當地人皆知的洋食老店。昭和風情的老店舖，店門與裝潢都顯得老舊，卻溢滿獨特的懷舊風情，以及老闆濃厚的人情味。遠近馳名，許多從外地來青森出差的人，甚至每次都會來亞希回味。

以炸豬排和炸蝦等洋食爲主的亞希，價格實在，食物的份量之多也令人驚艷。特別是厚實的豬排，在冬夜裡飽食一餐以後，好像進入什麼也不怕了的境界。回旅店的路上，冬夜迎來的雪，彷彿也溫暖起來。

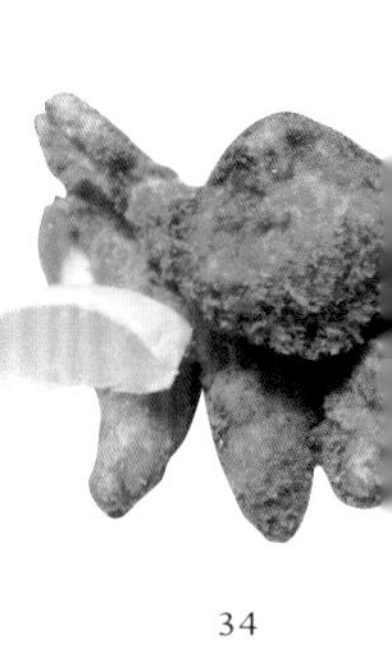

古川市場（青森魚菜センター）

add 青森県青森市古川1-11-16
open 7：00～16：00
close 每週二、1月1日～2日
access JR青森站，徒步約10分鐘
web https://nokkedon.jp/

亜希（あき）とんかつ

add 青森県青森市新町2-1-16
open 11：00～20：00
close 週二
access 青森站徒步7分鐘

青森 A-FACTORY 物產餐廳

專賣青森物產品的「青森物產館アスパム」，除了可以買到各式各樣的青森名產，還能登上十三樓的展望台，一睹青森市區與海港的美景。來青森物產館，當然就要買蘋果相關製品囉。這裡推薦其中兩樣點心，一個是現烤的酥脆蘋果派，另一個則是底部含有果肉的蘋果霜淇淋。

蘋果霜淇淋

青森物產館歷史悠久，內部裝潢也老式，而不久前開的一間物產館，就新潮漂亮許多。這間位於「睡魔之家 Wa‧Rase」旁的「青森 A-FACTORY」有著新穎的建築外觀，賣場也相當明亮寬敞。中央設有開放式餐廳與用餐區，空間穿透感極佳。曾獲二〇一一年日本「Good Design」建築設計大賞。

青森味噌咖哩牛乳拉麵

青森人眞的非常愛吃拉麵，各種口味和種類都愛，在市區內常見到各種拉麵店，算是其他城市裡較爲少見的風景。

在這些口味當中，最特別的是青森味噌咖哩牛乳拉麵。爲了一嚐味道，特地在當地人的推薦下，來到這間「味の札幌 大西」。以味噌湯汁爲基礎，添加咖哩粉和牛乳，成爲全日本獨特的拉麵吃法。這拉麵吃起來很順口，咖哩的味道十分香醇，也不必擔心味噌的味道過重，確實是嶄新的拉麵味覺嚐試。

吃飽後，在入夜的青森街道上散步，肌膚感受到空氣裡盈滿的濕潤。途經睡魔之家 Wa‧Rase 與青森 A-FACTORY 之間的廣場，看見已經打烊仍亮著燈光的建築，有一股靜謐中的安心感。

睡魔是否也需要睡眠呢？我不知道。但我確定的是在沒有睡魔遊街的青森之夜，此時此刻，舟車勞頓了一整天的我，睡意終於席捲而來。

青森物産館アスパム
add　青森県青森市安方一丁目1番40号
open　9：00～19：00（四至十月）、9：00-18：00（十一至三月）
close　無（元旦假期除外）
access　JR青森站，徒步約15分鐘
web　http://www.aomori-kanko.or.jp

青森 A-FACTORY
add　青森県青森市柳川1-4-2
open　10：00～20：00
close　無（元旦假期除外）
access　JR青森站，徒步約1分鐘
web　http://www.jre-abc.com

味の札幌 大西
add　青森県青森市古川1丁目15-6 古川パークビル1F
open　11：00～21:30 ／ close　無（元旦假期除外）
access　JR青森站，徒步約10分鐘
web　http://www.showadori.net/shop/select.php?id=3-11

IWATE

岩手

來自淨土的贈禮

「人會想幫助其他人，
純粹是如得其情的感受，
絕對不是爲了冀求感謝或回禮。
就在涼風吹拂而來的剎那，
我彷彿感受到了
岩手縣的回禮。」

交通資訊

東北新幹線

▶行駛路線：

東京 → 盛岡

行駛時間 2小時20分鐘

▶票券購買：

JR車站

踏入岩手縣，原以為跟這個地方沒有太大連結的我，才赫然發現無論過去或現在，生活都跟岩手早已有了或多或少的牽連。像是在超商裡，總是喜歡喝的小岩井農場咖啡牛乳，還有早晨烤土司時習慣塗抹美味的小岩井農場奶油——原來，農場所在地就在岩手。另外，松尾芭蕉知名的「奧之細道」，印象最深的一段路也在岩手縣的平泉中尊寺內，更別說常在旅遊節目裡看到的花卷溫泉了。夏日岩手，歷史古蹟、農場與山間的溫泉鄉，在回憶裡留下了一片親近大自然的，綠油油的淨土印象。

IWATA
01

世界遺產中尊寺

詩人小徑寺中藏

距今九百到一千多年前的平安時代，在岩手縣的平泉這一帶，曾是東北規模最大的城市。奧州藤原氏在十二世紀打造的平泉文化，留下了許多珍貴的資產，二〇一一年六月正式登錄爲世界遺產。「平泉」這個詞意指「佛界裡的淨土」。平泉當年受到來自中國爲首的海外文化影響不小，現今存留下來的建築群裡可窺見其軌跡。

來到平泉，無論如何都要拜訪的地方，是位於此地的中尊寺。爲了紀念和超度十一世紀後半、在兩場慘烈戰役中傷亡的敵我雙方人民，藤原世家的清衡公決定興建象徵和平的中尊寺。

金碧輝煌的中尊寺，象徵了平泉世代的精華。從建築形式到收藏的近三千多件國寶和重要文物，吸收著千百年前的繁華喧囂，對照今日靜謐的杉樹山林，彷彿封緘著一則則繁華落盡前，風起雲湧的故事。

松尾芭蕉像

中尊寺本堂裡供奉的燭火，暱稱爲「不滅的法燈」。據稱是一二〇〇年前從京都比叡山延曆寺而來的分火，千百年來傳承下來，從未熄滅。寺內的「讚衡藏」寶物館收藏了藤原時代流傳下來的文物，而「經藏」則是當年爲了收藏「中尊寺經」典籍而建造的。而最重要的國寶據點就是「金色堂」了，在一一二四年建造之初，使用了大量的金箔，從外觀到內在裝飾和陳列的佛像等，都散發出金光閃閃的尊貴感，是十二世紀對佛教西方淨土的想像和致意。一九五〇年左右整建時，花了將近七．五公斤的金箔才重貼完成。

爲什麼中尊寺有條件走金碧輝煌風呢？原因是當年的岩手平泉，是個盛產黃金的地方，以至於馬可波羅遊記中曾經提到，來到東方時，發現日本是個充滿黃金的地方。馬可波羅來到的地方，估計就是平泉。不過現在的金色堂，爲了保護國寶的關係，在建築外面又蓋了一棟屋子保護著，所以外觀看到的並非金色堂本尊。眞正的金色堂，是屋中之屋。

中尊寺境內有一尊松尾芭蕉像，這裡就是日本著名俳句詩人松尾芭蕉的「奧之細道」的一部分了。奧之細道是知名的東北歷史古道，一六八九年，松尾芭蕉從江戶出發，花了約五個月，將兩千四百公里路程所見所聞，撰寫成書並留下吟詠的俳句。

日本導遊在細道的松尾芭蕉像前，翻開了詩人在此寫下的俳句：「夏天草悽涼，功名昨日古戰場。一枕夢黃粱。」這首俳句其實是受到杜甫的影響，原來的詩句就是我們熟悉的「國破山河在，城春草木深」。

我站在平泉的奧之細道上，想像不同背景和階級的人佇立此處時，眼裡看見的世界究竟是什麼模樣？可以想見的是，站在不同的位置，看見的風景終究也就不同。是滿足嗎？或者感嘆？

政治翻弄中，歷史和人的定位從一條細路上，可能將岔出意想不到的方向。

屋中之屋，金色堂

奧之細道一景

中尊寺

add 岩手県西磐井郡平泉町平泉衣関202
open 8:30 ～ 17：00（3月1日～ 11月3日）
8:30 ～ 16:30（11月4日～ 2月底）
最後十分鐘前停止售票
access 東北新幹線：盛岡 → 平泉
最快約1小時27分鐘可抵達
web http://www.chusonji.or.jp/

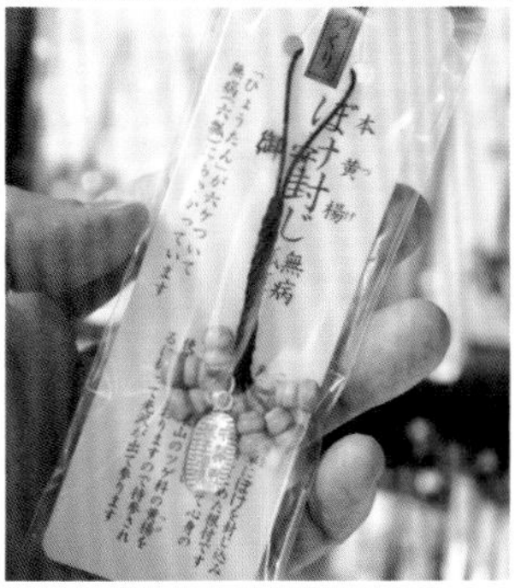

寺內販售的美肌御守和無病御守

IWATE
02

江刺藤原之鄉

東北好萊塢

岩手縣奧州市的「江刺藤原之鄉」歷史公園，考據了時代背景，重現千年前藤原氏家族的貴族宮殿風貌。此地除了觀賞，還提供參與活動，比如穿著平安時代的服飾拍照，看看自己變成古人是什麼樣子。嗯，先不說人適不適合，那衣服看起來很美，其實非常重，又不太透風。古人眞不是好當的。

雖然不是古蹟，但因爲考究，很多古裝劇皆在此取景。像是NHK多齣大河劇，如《天地人》、《龍馬傳》、《平清盛》或電影《陰陽師》等，都借景改造後於此地拍攝，可說是東北的好萊塢。

【藤原氏】

日本貴族姓氏，從飛鳥時代（約七世紀）開始存在。平安時代（794年～1185年／1192年間）以前，藤原氏的族人均以本姓藤原稱呼，直到鎌倉時代（1185年～1333年）才逐漸改變。

❀ 江刺藤原之鄉（えさし藤原の郷）

add　岩手県奥州市江刺区
岩谷堂字小名丸86-1
open　9：00～17：00
（11月～2月至16：00）
最後入場爲閉園前一小時
close　無
access　東北新幹線：東京 → 水沢江
最快2小時28分鐘可抵達
web　http://www.fujiwaranosato.com/

艷麗的紅柱圍牆

IWATE
03

花卷溫泉

美肌好水

岩手縣著名的花卷溫泉，是東北岩手縣優良溫泉水質的代表。溫泉觸感滑順，據說有美肌的功效。這裡有三間合作的大酒店，分別是千秋閣、花卷酒店和紅葉館。無論你投宿哪一間，都可共享溫泉。二〇一一年最新整修完工的是花卷酒店溫泉池，設備最新，露天浴池著重在檜木設施；而我這次住宿的紅葉館裡的露天浴池，則是強調石塊造景，泡了兩邊，覺得各有特色，都很喜歡。

晚餐跟早餐都是在餐廳吃無限取用的自助餐，從日本料理、西餐到中國菜一應俱全。七十多種料理，包括螃蟹等高級食材任你吃，甜美的東北當季水果和自家製的甜點也不容錯過。吃飽了、喝足了，到大廳的土產店逛逛，買買當地特產吧，也可以到大廳欣賞飯店每晚八點半舉辦的傳統技藝演出。最後，睡前再到溫泉池裡泡泡湯吧！紓解身心疲勞，保證一夜好眠。

傳統技藝演出

紅葉館附近有一座玫瑰園，很適合一早起來散步。這裡占地約五千坪，擁有四百五十種、共六千株玫瑰。每年六月中旬到七月中旬，和九月中旬到十月中旬的盛開季，會舉辦玫瑰節。這座玫瑰園最特別的是稱爲「南斜花壇」的那一區，最初是由作家宮澤賢治所設計，在一九五八年完工，一九六〇年正式開園。如今，宮澤賢治設計的花壇裡設置了他的紀念碑，另外他設計的日晷儀花壇也留存在園內。

作家宮澤賢治設計的時鐘花壇

【宮澤賢治（1896年8月27日～1933年9月21日）】
詩人、童話作家，日本岩手縣人。畢業於盛岡高等農林學校，具備農業背景，對於種植花草頗有心得與研究。代表作《銀河鐵道之夜》。

花卷溫泉
add　岩手県花巻市湯本
web　http://www.hanamakionsen.co.jp/

紅葉館
web　http://www.hanamakionsen.co.jp/koyokan/

玫瑰園（バラ園）
web　http://www.hanamakionsen.co.jp/rose/

access　JR新花卷站→計程車（飯店接駁車）

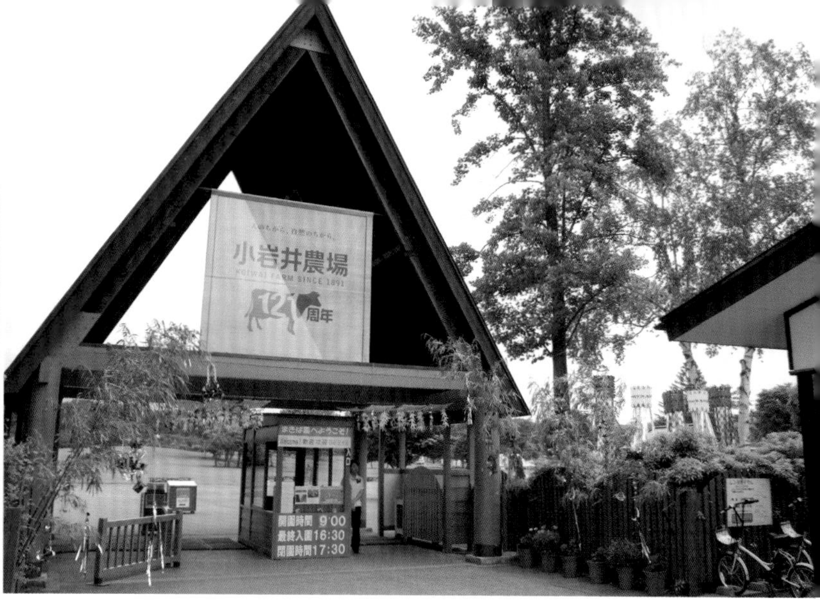

IWATA

04

小岩井農場

這裡的牛乳眞的不同！

一來到小岩井農場的大門前，我就被售票口旁的標語吸引住目光：「謝謝台灣！」原來在東日本大震災後，台灣募集的救援金讓岩手縣走上了復建的第一步。過去，小岩井農場就有不少台灣遊客前來拜訪，經過這次震災，讓兩地的情感聯繫更加緊密。

負責導覽的田山茂先生熱情地迎接我，從他介紹農場的神情和口吻裡，可以感覺到他是眞的有愛——對這座農場，也對遠道而來的台灣人。

原本是一片不毛之地的荒野，西風過強，濕地土質呈現酸性，自然條件欠佳，完全不適合耕種。後來經過嚴密的土壤改造，種植人造林，才呈現出眼前一片綠意盎然的景致。聽著小岩井的故事，當我們踏進沁涼的森林時，眞的很難想像，這裡竟是因爲人工而讓大地重歸的自然景色。

參觀小岩井農場的路線跟方式很多，最基本的三種徒步行程爲：小岩井農場自然散步（約六十分鐘，免費）、小岩井農場健行（約一二〇分鐘，費用：成人一〇〇〇日圓）、小岩井農場自然漫步（約一二〇分鐘，費用：成人一〇〇〇日圓）。

不過，採訪當天我非常幸運，有機會嚐試了農場首次對外開放的「農務車之旅」。工作人員開著農務用的機動車，載著我們深入森林，進入過去未曾開放的原始園區。

來小岩井農場，絕對要喝一罐農場鮮乳。日本鮮乳普遍來說已經夠好喝了，但這款小岩井「低溫殺菌牛乳」是外頭喝不到的滋味。口感醇厚，香甜滑順，

【小岩井命名】

小岩井農場創立於一八九一年，「小岩井」的命名由來，原來是由三個創辦人名字當中各取一字而成的。他們分別是小野義眞、岩崎彌之助和井上勝。一八九九年以後，主要由岩崎久彌接手經營。

確實是我來到日本後喝過最好喝的一罐鮮乳！另外，我特別推薦牛乳霜淇淋、起司蛋糕和加了農場牛乳的小岩井餅乾。

離開小岩井農場，岩手之旅也將告一段落。我的腦海仍浮現著方才在農場裡的景象。搭乘農務車，在高聳的綠林間穿梭，看見陽光撒在土地上，迤邐出一條恍若爲了迎接我們而鋪成的綠地毯。

我忽然想，人，會想幫助其他人，純粹是如得其情的感受，絕對不是爲了冀求感謝或回禮。然而，就在涼風吹拂而來的剎那，我彷佛感受到了岩手縣的回禮。那是一份災區復建，重新展現大自然淨土的美好的贈禮。

抬頭看著陽光，我在記憶的抽屜裡，珍重地收下。

特別推薦！ 牛乳霜淇淋（左）
超好喝！ 低溫殺菌牛乳（右）

小岩井農場（小岩井農場まきば園）

add 岩手県岩手郡雫石町丸谷地36番地1
open 每年各季節期間及公休時間不同，請參考官網。
close 原則上一年只休一天。詳細日期請查看官網
access 路線巴士：盛岡站前，轉乘10號巴士
往「小岩井農場まきば園」或「網張溫泉」方向
約35分鐘可抵達
web https://www.koiwai.co.jp/makiba/hour/

AKITA

秋田

完美招待，只等你來

「秋田人說，
想吃到真正完美的秋田料理，
只能來秋田。
秋田有最好的東西，
不賣到外頭，
但願意等著你們來品嚐。」

交通資訊

東北新幹線

▶行駛路線：

東京 → 秋田

行駛時間　4小時30分鐘

▶票券購買：

JR車站

從未到過秋田的人來到當地後經常會驚艷，原來秋田的東西這麼好吃！可為什麼在外地賣的秋田物產，卻沒那麼美味呢？問題一拋出，秋田人才會暗暗笑起來，娓娓道來他們性格裡藏著的小祕密。秋田人常自嘲，他們有一種挺奇怪的性格。那就是當日本各地都希望把農產外銷到其他縣市時，他們卻常常抱著無可無不可的態度。乍聽之下，秋田似乎是個對觀光行銷很消極的地方哪，對於家鄉物產沒什麼信心似的。然而，進一步深入當地風土民情以後才逐漸了解，原來，恰恰相反。

AKITA
01

田澤湖

青春的啓示

秋田人並非對自家物產沒有信心，相反的，他們覺得自家生產的東西才是最好的。而可愛的秋田人不願太積極地做物產外銷，居然是擔心從米飯到酒，種種的秋田鄉土美味，要是一股腦兒把最好的都往外賣了，那他們豈不是只能吃剩下的次級品嗎？要是爲了觀光宣傳而委屈了自己，秋田人可不願意。

因此，從未到過秋田的人來到當地後經常會驚艷，原來秋田的東西這麼好吃！可爲什麼在外地賣的秋田物產，卻沒那麼美味呢？問題一拋出，秋田人才會暗暗笑起來，娓娓道來他們性格裡藏著的小祕密。

秋田有一處水深四二三・四米、周長二十多公里，號稱日本最深的湖「田澤

湖」。清澈恍若琉璃色澤的湖水，在不同的角度與季節，會轉換出迥然不同的視野。

湖水畔有一尊金色雕像，名爲辰子公主。傳說來自從前有個叫作辰子的美女，因爲期盼青春永駐，便不斷到觀音面前許願。最後，她終於得到神靈的啓示，告訴她，只要喝下北方之泉就能實現願望。辰子於是來泉水之處，怎料，喝了幾口以後卻愈喝愈渴，完全無法停止，喝到整個人都進了泉水裡，轉瞬間，居然變成了一條巨龍。最後，辰子只好藏於湖底不敢見人，成了這片湖的主人。

田澤湖

add　秋田県仙北市田沢湖
access　JR田澤湖車站下車後搭乘巴士約15分鐘
web　https://tazawako-kakunodate.com/

羽後交通巴士時刻表
http://ugokotsu.co.jp/ug/rosen/jikoku/da04.pdf

青春，果然是帶著令人難以抵抗的殺傷力。注視辰子的雕像，目光緩緩移向她身後美麗的風光，我在想的是，始終佇立在此地的她，終於是青春不老了。然而，看著周圍四季流轉，年復一年的凋謝、死亡和新生，辰子是否終於明白了，永恆的青春，原來是一件多麼寂寞的事？她漠然的表情，不語。那些心事，也許在田澤湖上，只有雲知道。

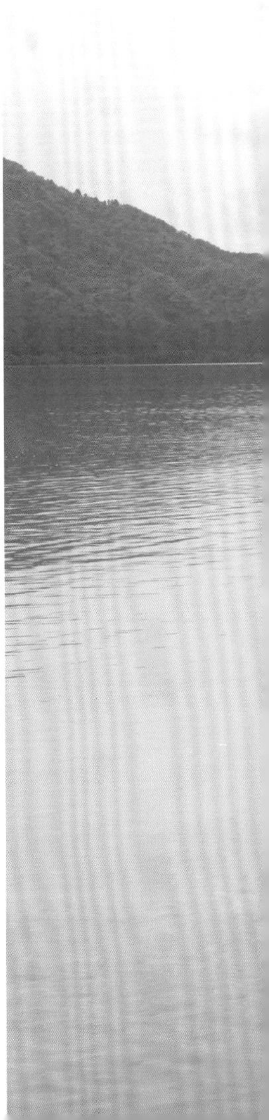

田澤湖湖邊小屋

AKITA 02

田澤湖共榮 Palace

田澤湖共榮Palace（田沢湖共栄パレス）

add 秋田県仙北市田沢湖田沢春山148
open 8：00～17：00（4月1日～11月30日）
9：00～16：00（12月1日～3月31日）
access JR田沢湖站前，搭乘「田沢湖一周線」巴士在田沢湖畔下車
web http://www.kyoeipalace.com

一覽秋田名物

在田澤湖畔，有一處名爲「田澤湖共榮Palace」的餐廳物產館，是來到田澤湖觀光時，頂好的用餐休憩處。

我在這裡的午餐，吃的是秋田縣知名的「稻庭烏龍麵」。跟印象中一般的烏龍麵不同的是，稻庭烏龍麵的麵條是扁平狀的，咀嚼比較不花力氣，容易吞嚥。醬油味的湯汁清淡，麵裡搭配的食材也很簡單，相當爽口。這樣一份附有天婦羅（炸蝦炸蔬菜）的套餐約一三〇〇日幣上下。

在田澤湖共榮Palace的後院裡，還能見到秋田縣的精神代表「秋田犬」。秋田犬的原產地正是來自秋田縣。如果你對狗狗的品種並不熟悉的話，喜歡日本的你也一定知道在澀谷車站前，有個集合的熱門地點，同時也流傳著爲人津津樂道的故事吧？「忠犬八公」的品種，就是秋田犬。如今秋田犬甚至還被日本政府指定爲「天然紀念物」呢。

除了秋田犬，還能看到「秋田三雞」，分別是比內雞、聲良雞和金八雞。這三種品種，也都被指定爲天然紀念物。常有人誤會，以爲在餐廳吃到了肉質鮮美的比內雞，其實那不是比內雞，而是「比內地雞」。眞正的比內雞原生種爲了保育，是禁止食用的，只有比內地雞是可以食用的。多了一個「地」字就不同了，差別在於比內地雞是由雄比內雞跟雌家雞所交配出來的下一代，才是可食用的雞種。

推

天婦羅套餐和稻庭烏龍麵

AKITA
03

田澤湖車站

原木風味的車站

離開了田澤湖，途中，在專營各式蜂蜜及販售蜂蜜製品如蜂蜜加味蛋糕、蜂蜜布丁的「森林蜂蜜之屋」小憩之後，便往田澤湖車站的方向出發。

田澤湖車站是在一九九七年，秋田新幹線開通時所建造的車站。車站建築體外牆採用玻璃帷幕打造，屋頂則使用原木風味的木材，是一棟實際上非木造，但外觀看來又大規模使用木材的建築。

負責設計的坂茂建築設計與JR東日本建築設計事務所，在設計初期接收到的期望是希望能打造出一棟有「秋田風味」的車站，盡可能地使用木材。但因爲JR公司表示新幹線車站不能完全只用木造建築，故最後誕生出這棟融合了鋼骨、玻璃與木材的車站。

特務情人IRIS劇照曾印於樓梯階上

這棟在當時頗爲嶄新的建築，一出現立刻獲得一九九八年日本「GOOD DESIGN」大賞，也被指定爲東北「百大車站」（東北の駅百選）之一。

由於田澤湖是韓劇「特務情人IRIS」的拍攝地，故熱愛此劇的粉絲們，直到現在還有人特地前往田澤湖進行拍攝背景的巡禮之旅。戲劇與旅遊的力量，不容小覷。

田澤湖車站

add　秋田県仙北市田澤湖生保内字男坂68

AKITA 04

雪屋之鄉

秋天鄉土料理

留宿秋田的這一夜，晚餐和當地觀光科的日本朋友一起到市區的秋田居酒屋，品嚐地道的秋田料理。

到訪的「雪屋之鄉」居酒屋，不僅料理是採用秋田當地食材烹飪的美味，更有趣的是店家內部也打造出極具秋田特色的「雪屋」裝潢。所謂的雪屋就是利用積雪挖出來的小屋子，是冬季秋田郊外常見到的風景。當然，在「雪屋之鄉」裡的雪屋只是裝飾，雖然不是真的雪，但與朋友們在這樣可愛的小包廂裡大快朵頤，暢談一晚，也夠盡興。

每晚七點半，店裡還會安排特別表演。兩個扮演「生鬼」（なまはげ）的演員在驚悚的音效下現身，進入每個雪屋包廂作勢要把顧客抓起來。極具戲劇張

新鮮蔬菜與雞肉料理

雪屋之鄉內部

力的效果，爲異地晚宴增添了幾分餘興節目的趣味感。

品味著美食，飲用著秋田當地的日本朋友帶來的美味發泡清酒，彼此聊著台灣和日本之間旅行的美好記憶，然後，便提起了秋田人原來不太積極做物產外銷的趣事。

「那麼好的東西，我們自己都不夠吃了呢！要是爲了觀光宣傳，把最好的東西往外送，次級品留下而委屈了自己，我們可不願意。」秋田的朋友笑起來說。

他們說，就算是東京超市裡賣的那些標榜著「秋田出產」的米啊、酒啊等食物，也絕對不是眞正在秋田能吃到的原味。「所以，如果想吃到眞正完美的秋田料理，只能來秋田。我們有最好的東西，不賣到外頭的，但願意等著你們來品嚐。」

完美招待，只等你來。那是秋田人的自信，也是秋田人的好客之道。

推

店員正用榔頭敲碎雪屋

以秋田鄉土料理專門店自居，日幣約4500圓的「雪屋套餐」可以品嚐到約九種料理；日幣約3500圓則有七種料理。另外加日幣1200圓則可享飲料無限暢飲。其中有項料理，是以鹽巴做成「雪屋」的造型，吃的時候由服務生將「雪屋」敲碎，藏在其中則是秋田道地的燒烤雞肉。

雪屋之鄉（かまくらの郷）

add　秋田県秋田市中通4丁目13-1
open　17：00 ～ 24：00
close　年始年末
access　秋田站徒步2分鐘
web　http://www.osake.or.jp/shop/drink/kamakuranosato.html

SENDAI

仙台

震後的元氣，
再起的希望！

「在重建之路上
還有一段漫長之路，
然而，緊緊握著愛、
友誼和希望，至少此時此刻
東北人並不孤單。
因爲台灣陪著他們，
已經走在了路上。」

交通資訊

新幹線

▶行駛路線：

① 東京 → 仙台
行駛時間　1小時37分鐘

② 東京 → 上野 → 大宮 → 仙台
行駛時間　1小時40分鐘～45分鐘

▶票券購買：

① JR PASS（外國觀光客可利用）

詳細購買、價格與使用方式，請參考官方網站
http：//www.japanrailpass.net/zh/zh001.html

② 仙台一日周遊巴士券（るーぷる仙台）

票券售價	成人票630円、孩童票320円
購票地點	站前公車亭、各大飯店與巴士內均可購買
發車時間	早班車9：00發車 末班車16：00自仙台站發車
注意事項	平日每20分間隔發車 週六、日、例假日，及8月全日 每15分間隔發車
詳細路線	http://loople-sendai.jp/about/

© 仙台市觀光局

震災後，盛夏七月，我在東日本大震災後踏上了宮城縣仙台市的土地。說出「土地」這兩個字何其平凡，然而就在那一場舉世震懾的大震中，這片當地人習以為常的「土地」卻幾乎翻覆了東北的一切，以及，許多家族的一生。

仙台市，這座東北最大的城市，比起許多沿海受創更嚴重的區域，或許還算是好的。但，所謂的好，也只是相較之下罷了。二〇一一年三月十一日午後，大水淹沒仙台機場，飛機隨波逐流；東北新幹線和JR仙台站嚴重損毀；伊東豊雄設計美輪美奐的仙台媒體中心，圖書館內傾倒如戰後般的混亂……。那記憶猶新的畫面每回想一次，就猛烈地撞擊著胸口。

而如今，走在震災後的仙台街上，驚訝於這裡復原的迅速，彷彿什麼也沒歷經過。但，並不是這樣的。一切，確確實實曾經發生過。街上懸掛的許多鼓勵自我的加油標語，和從仙台人的言談裡，我知道這座城市在那場撼動後，必然有了改變。

SENDAI
01

仙台朝市

朝市食堂「庄家」的招牌海鮮丼

仙台的廚房

如何從一座城市裡找尋在地人的元氣呢？早晨的市場是一個選擇。震災時因爲宮城縣生鮮魚菜產地的受害，導致素來有「仙台廚房」之稱的仙台朝市，在物資缺乏和本身損毀下，遭受到雙重損害。但在仙台市民的努力下，如今市場裡早已恢復活力。民以食爲天，市場供給著小市民生活裡基礎的需求，無論如何得打起精神來，也帶給眾人向前走的元氣。

朝市食堂「庄家」食堂爲市場內一代表性店家。在店門口的食券機買好食券後，交給櫃檯的老闆娘，就可以進店內座位等候美味的海鮮丼上桌了。庄家食堂的招牌菜是只要一個銅板，日幣五百圓就能吃到的「朝市丼」。由於客層以市場內需要大量體能工作的人爲主，份量特別豐盛，甚至還相當稀奇的附上餐後水果。各種生魚片自然是新鮮非常了，入口滑順且充滿彈性，絕對是一般餐廳裡吃不到的口感。

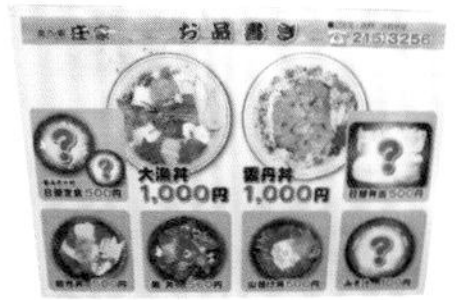

除了大啖海鮮丼，我特別推薦朝市裡的兩樣東西。一樣是仙台名物「仙台麩」。麩是有點類似麵筋的食物，製作食材相同，但食感彈性不同。仙台麩特色在於本身吸收了豐富的高湯，故在燉煮時會釋放出來，即使料理不添加其他佐料也夠美味。另外一項是其他地方少見的「仙台雪菜」。跟其他地方的雪菜不同之處，仙台雪菜耐寒而蓄存糖分的綠葉中，後勁略帶一點苦味，被仙台人

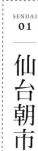

稱爲「大人的滋味」。有此一說，懂得欣賞仙台雪菜美味的饕客，就算是厲害的宮城縣人了。

在朝市裡逛啊逛的，感受仙台的再出發，彷彿就從這些新鮮的食物與充滿活力的店家老闆開始。經過某一間攤販，老闆娘知道我是從台灣來的以後，熱情的繞上幾句中文。「歡迎！謝謝！帥哥！美女！」堆滿笑容的雙頰，令人感染了她的朝氣。也許仙台朝市裡的海鮮，在老闆甜美的言語裡，耳濡目染中更加美味。

推

被仙台人稱爲大人滋味的仙台雪菜；仙台麩（右）

【仙台朝市】

從一九四八年就開始的仙台朝市，被當地人暱稱爲「青空市場」。青空下販售著各種以宮城縣爲首，和來自各地的新鮮蔬果魚肉，在不算是太廣大的腹地裡，擠了近百間店舖。不僅能買回家料理，也可以在市場內的食堂裡吃到最新鮮的海產。

仙台早市（仙台朝市）

add　宮城県仙台市青葉区
open　8：00～18：00
close　每週日、例假日（12月除外）
access　JR仙台站西向出口步行約5分鐘
web　http：//www.sendaiasaichi.com/

朝市食堂 庄家食堂（朝市食堂 しょう家）

add　宮城県仙台市青葉区中央3-8-5
open　7：30～14：30
close　週日、例假日
web　http://sendaiasaichi.com/service/syoya/

SENDAI
02

地底森林博物館

冰河時期的森林遺址

地底森林博物館主要是展覽一片冰河時期的森林遺址，迄今已超過兩萬年的歷史。博物館利用特殊的方式保存著，並重現出冰河時期石器時代在這裡求生的人們的生活。

當時的人們對這世界仍舊一無所知。每天思考的，也許只有覓食與求生。因爲無知，他們的欲望必然也比現代人少得多吧？當時的人們也許只有動物性的本能，沒有倫理，也沒有愛情。

我在想，在這片森林遺址上，第一樁的愛，究竟是怎麼發生的呢？會不會比鑽木摩擦而生的第一把火，更燦亮？

地底森林博物館（地底の森ミュージアム）

add　宮城県仙台市太白区長町南4丁目3-1
open　9：00～16：45（最後入場時間：16：15）
close　每週一、每月第四個星期四、新年期間12月28日～1月4日
access　地下鐵長町南站西1出口往西方步行約5分鐘
web　http：//www.city.sendai.jp/kyouiku/chiteinomori/about/index.html

⑪ **阿部魚板店（阿部蒲鉾店）**

add　宮城県仙台市青葉区中央2-3-18
open　10：00～19：00
close　1月1日
access　地下鐵青葉通站1號出口
步行約6分鐘
web　http：//www.abekama.co.jp/

SENDAI
03

仙台竹葉烤魚板

彈牙又富層次的美味

仙台有許多美味小吃。最出名的是毛豆泥糕（ずんだ餅），此外，「竹葉烤魚板」也是當地人皆知的美味。

而在仙台市區內熱鬧的「Clis Road商店街」上的「阿部蒲鉾店」，就是一間專售仙台名產「竹葉烤魚板」的店家。以鱈魚和其他白肉魚爲主要食材，製成竹葉形狀的魚板，經過烘烤略帶焦感以後，盈滿著彈牙又富層次的香味。

一個人只要日幣兩百圓，也可以在店裡現場烤一根竹葉魚板，並附上一杯茶，清心享受。完全不添加任何防腐劑的魚板，冷藏後的賞味期限是一週。攜帶出境回台灣也沒問題。

毛豆泥糕

SENDAI
04

仙台媒體中心

收納媒體的架子

仙台市區內有一條定禪寺通，在大馬路上植滿了高聳的櫸木，漫步在其中，不知怎的確實如同路名，給人一股十足的安定感。定禪寺通在歲暮時分，從聖誕節到新年，會在樹上掛滿燈飾；入夜以後，就在寒冷的夜色中閃爍成一片眩目的燈海。

然而，無論是不是在搖曳著燈海的時節，定禪寺通上從來就有一粒耀眼如鑽石的建築——仙台媒體中心。這棟由日本建築設計大師伊東豐雄操刀的建築，外牆以透明的玻璃包裹著整棟建築，白天有一種開放感，彷彿跟著周圍的櫸木一起進行著深呼吸；夜間從室內透出的光芒，又迷離得充滿著透明感。

稱這幢建築爲收納媒體的架子，指的可不是要媒體收斂什麼擺架子的態度，「收納媒體的架子」原來是出自於法文「mediatheque」的原意。而mediatheque，正是仙台媒體中心的外文名稱，Sendai Mediatheque。在這棟充滿開放感的美麗建築中，仙台媒體中心致力於保存和蒐集與媒體相關的文化資訊，讓市民恣意穿梭於既親民又深層的藝術發信地。

伊東豐雄以十三條不規則的白色鋼架支撐建築本體，暱稱爲水草似的結構，讓室內在視覺感上，挪出了更寬敞的空間；也是伊東豐雄生涯中「軟建築」的代表作。這棟建築獲得了優秀設計大獎，世界建築東亞區最佳建築獎，隔年更將伊東豐雄推上了威尼斯建築雙年展的終身成就金獅獎寶座。

在這樣與外在環境充滿互動、令人忘記自己置身在建築裡的媒體中心，除了收納著展示廳、演講廳、藝文咖啡館、設計書店，還有藝廊跟蒐集影像資料與美術文化的藝術工作室。當然，最主要的還是占地三層樓的市民圖書館。

在夜裡走進仙台媒體中心的圖書館，讓我深深覺得城市擁有這樣一座從裡到外都如此美麗的複合式文化中心，是一件多麼幸福的事情。更令人感動的是，這棟建築的存在，並不是個裝飾品而已。你可以看見進出這裡的市民

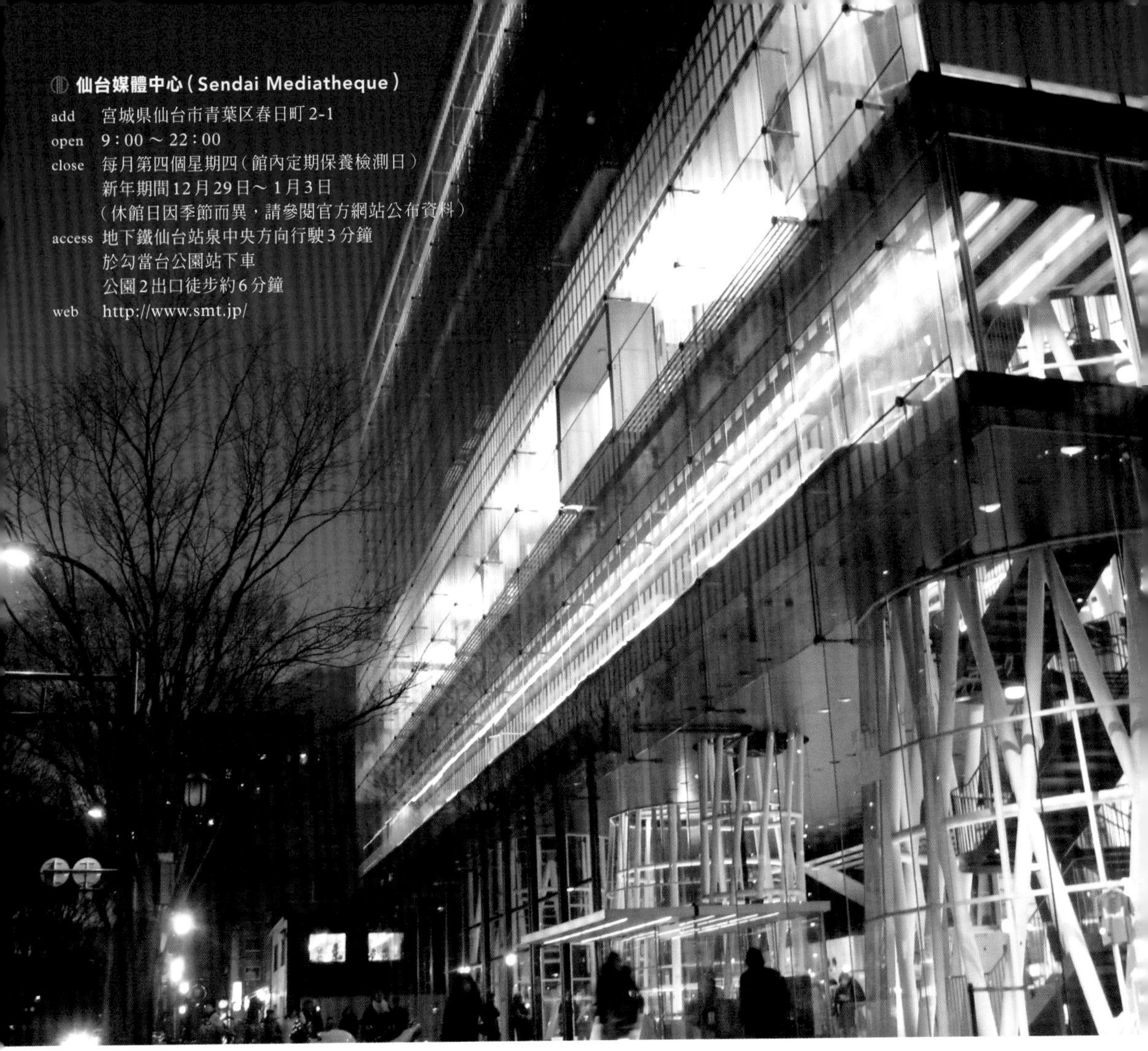

仙台媒體中心（Sendai Mediatheque）

add　宮城県仙台市青葉区春日町 2-1
open　9：00～22：00
close　每月第四個星期四（館內定期保養檢測日）
新年期間12月29日～1月3日
（休館日因季節而異，請參閱官方網站公布資料）
access　地下鐵仙台站泉中央方向行駛3分鐘
於勾當台公園站下車
公園2出口徒步約6分鐘
web　http://www.smt.jp/

們，他們的穿著打扮、神情與態度，可以感覺到仙台媒體中心的存在，並不是個高不可攀的所在。就像是無意識走進日本隨處可見的便利商店，彷彿他們也是這樣走進仙台媒體中心，只不過，在這間便利商店裡，他們取用的是藝術與文化。

因爲這棟建築，仙台市不花一分一毫，自動吸引了海內外無數的媒體持續報導。一座城市的曝光，文化，才是舞台上永不隱退的明星。

仙台媒體中心內的市民圖書館

SENDAI
05

麵包超人博物館

希望的象徵

仙台朝市和烤牛舌美味巡禮，似乎都是大人才喜歡的，孩子到了仙台又有什麼值得一去的呢？就在市區內的「仙台麵包超人博物館」，絕對會令孩子們歡天喜地到接下來你說什麼，他們都願意配合了。

博物館主要分成兩大區域，一個是一樓的購物中心，另一個則是二樓的博物館主體。

各式各樣的麵包超人展示空間，互動式的融入感，不僅孩子能玩得開心，大人心底蘊藏的童心也會被牽引而出。劇場表演有麵包超人等相關卡通人物，教孩子帶動唱。這些如麵包超人、細菌超人等在小朋友心中的「大明星」，也會不定時現身在館內。

比起麵包超人，我個人更愛細菌超人一點。兩個人一起合影，是不是頗有一種準備合組樂團要出道的感覺呢？

一樓有琳琅滿目的紀念品店，還有小朋友的理髮廳。只要來到這裡，坐上可愛的卡通椅，再怎麼不愛剪髮的小朋友，都恨不得頭髮每天超長吧。

館內最鍾愛的地方是食品街和果醬爺爺麵包工房。食品街裡有以麵包超人作爲各種造型的食物，像是包子、飯糰和飲料，甚至連麵包超人烏龍麵也吃得到。但最棒的還是果醬爺爺麵包工房了。用麵包超人裡的卡通人物爲臉譜，一個個烘烤出來的香噴噴麵包，別說口味多到難以選擇了，光是看著那麼可愛的麵包，都不忍心吃下去哪。

仙台麵包超人博物館內的果醬爺爺麵包工房，限定口味之一的是毛豆泥麵

小朋友搶著跟麵包超人擁抱（左），唯我獨愛細菌超人（右上）；連垃圾分類都那麼的可愛（右下）

包。另外還可以多花日幣一〇〇〇圓買個午餐套裝盒，把一次都搜刮而來的種類裝著走。

麵包超人的主題訴說著愛、友誼和希望。在這個充滿歡樂的園地裡，雖然知道仙台以外的東北沿海地區，在重建之路上還有一段漫長之路，然而，緊緊握著愛、友誼和希望，至少此時此刻東北人並不孤單。因爲台灣陪著他們，已經走在路上了。

⑪ 仙台麵包超人博物館
（仙台アンパンマンこども
ミュージアム＆モール）

add　宮城県仙台市宮城野区小田原山本丁101-14
open　博物館10：00 ～ 17：00（最終入館16：00）
　　　商場10：00 ～ 18：00
ticket　1600日圓（未稅）
access　JR仙台站東向出口步行約9分鐘
web　http://www.sendai-anpanman.jp/

KUSAZU

群馬 草津

交通資訊

新幹線・巴士

▶行駛路線：

東京 長野新幹線 輕井澤 →
輕井澤站前巴士站（草輕交通）→ 草津溫泉

行駛時間　2小時44分鐘

▶票券購買：

① JR PASS（外國觀光客可利用）

詳細購買、價格與使用方式，請參考官方網站
http：//www.japanrailpass.net/zh/zh001.html

② 巴士

巴士站（或巴士內）購買車票

沉浸於時間湯

「溫泉長期以來留下的
綠色湯垢散落在泉底，
讓『湯畑』遠遠看去
閃爍著淡綠色的光澤，
增添了幾分媚惑詭譎的氣氛。」

草津溫泉位於日本群馬縣吾妻郡，是日本的三大名泉之一。江戶時代更是排行第一的優質溫泉。草津溫泉在史料中最早出現於西元一四七二年，主要來自於「湯畑」泉源，這地方也是草津的象徵與地標，所有的溫泉街也是以它作為中心幅員出去的。

能夠在溫泉鄉看見不停冒出的滾滾泉源，在日本實屬少見，因此「湯畑」的特殊性自然是不言可喻。來到草津的「湯畑」絕對會被其規模給震撼，占地廣大不說，泉源處一格又一格木造的豆腐狀設計，溫泉就從此處湧出的光景，是很新鮮的視覺體驗。

「湯畑」旁的免費足湯體驗；
豆腐格狀的泉源「湯畑」（右）

KUSAZU 01

湯畑和時間湯

體驗特殊的「湯治」

在期間限定的特殊季節，到了夜晚，「湯畑」還會打燈，是吸引觀光客的一大賣點。因爲溫泉長期以來留下的綠色湯垢散落在泉底，讓「湯畑」遠遠看去閃爍著淡綠色的光澤，增添了幾分媚惑詭譎的氣氛。

草津溫泉的泉質ph值基本上在1.7至2.1之間，屬於強酸性的硫磺泉，具備和緩皮膚病、神經痛、糖尿病等療效。溫泉療法在日文中有個「湯治」的專有名詞，意指利用溫泉泡湯來調理體質，治癒病氣。草津溫泉自古以來就是湯治的名勝地。昔日，人們會在這裡住上一段時間，每天泡湯，相傳有治療的功效。直到近代醫療發達以後，草津溫泉才卸下「湯治場」的面紗，轉而發展成旅館林立的溫泉觀光勝地。

溫泉療法（湯治）在江戶時代的入浴方式有「時間湯」的別稱。泡湯次數一日四回，爲了讓溫泉不加入冷水而能自然降溫，發明了一種由眾人拿著木板，不斷在溫泉裡攪拌降溫的方式。一邊攪拌時，大家會一邊唱起歌來，成爲往昔草津溫泉的特色。如今，在「湯畑」旁設有一處表演場，每天仍定時表演這種讓時間湯降溫的工作，讓觀光客回到過去。

在草津溫泉的泉源「湯畑」處的四周，除了昔日攪拌「時間湯」的表演，盡是當地特色土產店和美味餐館。通常來到草津，是一定會住宿一晚溫泉旅館的。不過，在前往旅館check in之前，可以先到湯畑旁邊的免費「足湯」來體驗一下當地泉質，當作是草津溫泉的開胃菜。

【日本三大名泉】
日本三大名泉爲草津溫泉、下呂溫泉、有馬溫泉。

湯畑

add　群馬県吾妻郡草津町草津
access　草津溫泉巴士總站徒步至草津溫泉鄉

KUSAZU
02

草津溫泉旅館

品嚐溫泉饅頭

在草津溫泉有一家CHICHIYA溫泉饅頭，是當地的名店。饅頭的小麥粉來自北海道，而製作用水當然也是標榜草津高原的溫泉水了。溫泉饅頭有兩種，一種是白色外皮，一種是茶色外皮。白色外皮的包著栗子紅豆餡，還有日本綠茶跟咖啡口味可以選擇。而茶色外皮的，則以黑糖口味跟紅豆餡爲主。溫泉饅頭，我偏好黑糖口味的，配上熱茶一起享用，風味絕佳。

這次在草津溫泉住宿的溫泉旅館，避開了湯畑附近價格較高的觀光型旅館，選擇的是偏家庭式的旅館。這間「Sakura Resort Hotel」雖然稱不上高級，也沒有提供一般印象中在旅館房間裡享受的會席美食，不過，該有的溫泉設施都有，房間也超大。如果是和式房間，最大的房間可以住進五個人仍然相當寬敞，一個人日幣約五五〇〇圓起跳。因此強烈推薦家族旅行或朋友、學生旅行前來住宿。

推

黑糖口味包覆紅豆餡的
草津溫泉饅頭

草津溫泉饅頭 本家ちちや

add　群馬県吾妻郡草津町大字草津89
open　8：00～18：00
close　原則上12月到2月底的每週四公休
access　草津溫泉巴士總站徒步至草津溫泉鄉
web　http://www.honke-chichiya.com/

草津溫泉旅館
Sakura Resort Hotel
（さくらリゾートホテル）

add　群馬県吾妻郡草津町草津下滝原547-55
access　草津溫泉巴士總站徒步至草津溫泉鄉
web　http://kusatsu-sakura.com

KUSAZU
03

草津溫泉商店街

人力車伕與遊客熱情合照

嬉遊溫泉街

基本上草津溫泉雖然腹地寬廣，但眞正的溫泉商店街並不大，徒步逛逛是最好的方法。當然，你也可以選擇花錢懶人法，那就是在湯畑的入口處，搭乘觀光人力車。就像是在淺草、奈良和鎌倉等觀光地一樣的人力車，一次可以乘坐兩位，讓日本小哥拉著你，悠閒地將湯畑周圍和商店街繞過一圈。

全程大約十多分鐘就能繞完。人力車的小哥們總是非常熱情，知道觀光客都想拍照留念，出發前還特地開放一段「媒體拍照」時間，讓大家的相機在面前拍個過癮。最有趣的是自己也不忘變換姿勢，還拿來一把紅紙傘道具，增添日本風情。照拍完了，準備出發了，紅紙傘也收起來啦。

比起台灣，日本擅於操作觀光，軟硬體都在考量之中。爲了配合草津溫泉古色古香的氣氛，就連湯畑周遭商家的外觀也配合起一致的色調。由於這一帶的房子多半是木造的老建築，因此在這裡的自動販賣機，整台機器的外觀就變成了木頭的顏色。

另外，像是7-ELEVEn便利商店的招牌就變成了深色的木質顏色。值得一提的是這家便利商店，免費開放寬廣的二樓作爲休憩區。因此，如果在附近逛累了，還不想回旅館時，可以到一樓買個飲料到二樓休息。二樓靠窗的視野非常好，可以一覽草津湯畑的風景。

因爲是觀光地的關係，湯畑周圍的餐廳品質和價差都不小。推薦一間就在湯畑旁邊的「湯樂亭」餐廳。這間餐廳也是一棟木造建築，一樓是吃烏龍麵的「源泉閣」，二樓就是吃文字燒跟大阪燒的「湯樂亭」。這裡還可以自己製作章魚燒，當然，如果不會的話還是可以請老闆娘代勞的。老闆娘很好客，對台灣人相當友善，是一間適合兩個人、更適合全家人來訪的餐廳。

湯樂亭源泉閣外觀；古色古香的木色7-ELEVEn招牌（右上）；木質外觀的飲料販售機（右下）

湯楽亭 源泉閣

add 群馬県吾妻郡草津町草津106-1
open 11:30～22：00／週末假日 11：00～10：00
close 星期二
access 草津溫泉巴士總站徒步至草津溫泉鄉
web http://tabelog.com/gunma/A1004/A100402/10001851/

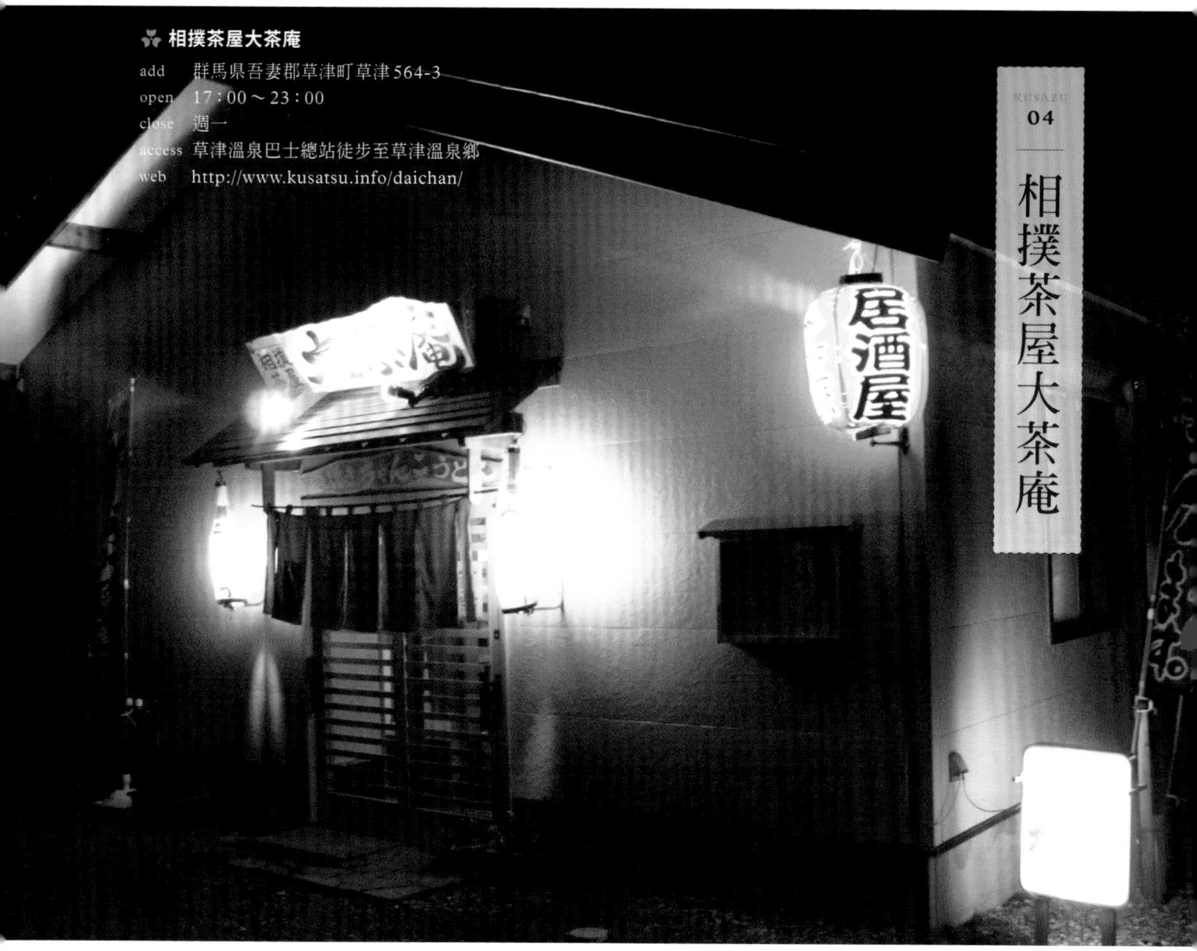

相撲茶屋大茶庵

add 群馬県吾妻郡草津町草津564-3
open 17：00～23：00
close 週一
access 草津溫泉巴士總站徒步至草津溫泉鄉
web http://www.kusatsu.info/daichan/

KUSAZU
04

相撲茶屋大茶庵

嚐嚐巷仔內的相撲鍋

不在溫泉飯店裡吃飯，反而多了更多機會，去探訪周遭有趣的餐廳。就在住宿的飯店附近，有一間非常道地的居酒屋。開設的地點顯然不是針對觀光客的，而以當地居民爲主。

這間叫作「相撲茶屋大茶庵」是以日式串燒爲主的居酒屋，但招牌菜則是「相撲鍋」（ちゃんこ鍋）。相撲鍋在以前指的是相撲選手常吃的一種鍋料理，主要以高麗菜、白菜、手捏肉丸和雞肉爲主，吃完以後，還習慣用湯底加入米飯煮成稀飯雜炊，或者放入烏龍麵煮成湯麵，令人感到相當飽足。

推

豐盛的日式串燒；
招牌菜相撲鍋（上）

SAHARA
千葉 佐原

在時光上泛舟

「古今交錯，
六百年歷史的水鄉，
江戶風情的佐原。
老得優雅，
就不怕被時代給替代。
一轉身，甚至引領流行。」

交通資訊

① 電車

▶行駛路線：

東京 → 成田機場 JR總武本線・JR成田線 佐原

行駛時間　90分鐘

② 巴士

▶行駛路線：

東京車站八重洲口 千葉交通高速巴士（銚子東京線） 香取市佐原站北口

行駛時間　90分鐘

▶票券購買：

① 電車：JR車站

② 巴士

預約購票請見官網

http://www.keiseibus.co.jp/kousoku/tokyo02.html

對許多訪日旅客來說，千葉縣似乎始終是一個既熟悉又陌生的地方。熟悉的是大家總曾經由成田機場進出日本；也曾經去過明明位於千葉，卻冠名東京的迪士尼樂園；愛衛演唱會與逛OUTLET的朋友，甚至曾經去過好幾次海濱幕張。

明明就在東京旁邊，卻總是忽略的千葉縣，這一次，我決定從「香取市佐原」這個地方開始，好好重探千葉的魅力。

SAHARA
01

佐原老街

百年建築裡的小店之美

香取市主要值得一去的區域，集中在JR成田線的佐原站到香取站之間，以小野川這條小河爲中心，幅員出這塊被列爲日本遺產「重要傳統建築物保護地區」的街景。這片首都圈內難得的美景，甚至還曾被法國米其林《綠色指南》特別介紹過。

佐原瀰漫著我鍾愛的老派情調，是個盈滿江戶懷舊風情的老街，古時候因利根川及小野川帶來的水運貿易而繁盛一時。迄今，在這一帶許多當年的老房子仍完好保留。這些建築工法優雅細緻的日式傳統建築，昔日多是醬油、食鹽和日本酒的賣家，或者是食堂與旅店，沿著小野川兩側，一幢幢鱗次櫛比排開。

現在這些店保存著當年的式樣甚至招

佐原小野川（右上）；以小野川這條小河爲中心，是充滿江戶懷舊風情的老街（左上）；佐原站（右頁）

推

「佐原大祭」

夏日八坂神社舉行的祇園祭和秋日諏訪神社舉辦的祭典，有高達四公尺的山車遊行，號稱爲關東三大祭典之一。

https://www.city.katori.lg.jp/sightseeing/matsuri/

牌，但已不釀酒製鹽，進駐了和風雜貨屋、土產店、咖啡店、設計旅館、和食餐館與西餐，恍如一張時間的元素表，組合變化出嶄新的風貌。

植田屋荒物店、並木仲之助商店

香取市的佐原老街，除了過去留存下來的日本料理屋、仙貝和漬物等傳統商店之外，這幾年有個最大的特色，就是許多日式老建築在經過重新修建以後，搖身一變成了老骨架新靈魂的店舖。

逛老街的這些建築，建議可先造訪「街道觀光中央遊客中心」（町並み觀光中央案內所）拿一份散步地圖與觀光資料。這裡還有賣些道地土產，如果喜歡吃霜淇淋的話，別忘記來份佐原老街名物「紅番薯霜淇淋」。

雖然比起像是川越老街這樣的知名景點來說，佐原老街的店家規模和數目實在難以匹敵，不過相對的店家觀光商業氣息也比較淡，更有在地感一些。

街道觀光中央遊客中心

遊客中心內的「紅番薯霜淇淋」

若從老街的商店裡挑幾間來推薦，我喜歡也願意推薦的會是下面這一些。首先是「植田屋荒物店」一間專賣傳統生活雜貨的小店。以木製器材爲主，像是筷子、做壽司的竹捲，或料理用的各式竹盤等，另外也有不少麻質物和菜瓜布等產品。類似於台北迪化街的雜貨店，但東西當然是趨向日本風格的。

平常就喜歡逛和風傳統小物，喜歡和紙、薰線香及和蠟燭的話，想必也會跟我一樣喜歡另一間名爲「並木仲之助商店」的小店。這間老屋建於一八九二年，非常古色古香的建築。並木仲之助商店在明治三十一年（一九〇一年）創業，最初是從日用品的批發。平成十年（一九九八年）起開始販售薰香、蠟燭和日式雜貨。

MAGI之屋菓子店、正上與眞亞房

「MAGI之屋菓子店（まぎの屋菓子

並木仲之助商店」裡有不少和風傳統小物可以逛（左）；專賣傳統生活雜貨的「植田屋荒物店」（右）

正上 いかだ焼本舗

MAGI之屋菓子店

店」）有賣熱騰騰的炭火燒仙貝，分鹽味和醬油味兩種，遠遠的就能聞到香味。我覺得這種仙貝剛烤出來的最好吃，酥脆又可口。至於「正上 いかだ焼本舗」賣的則是配菜吃的佃煮與漬物，若對佃煮漬物沒興趣，看看店裡牆上恆常有的「佐原戲劇拍攝地攝影展」也不賴。了解一下有哪些戲劇曾此拍過，說不定會加深你對此地的感情。

午飯的用餐地，我選擇的是「眞亞房」這間日本料理店。午間提供丼飯和定食，我點了蔬菜天婦羅蓋飯，朋友選擇親子丼，各有特色，都能品嘗到千葉當地食材的美味。

「眞亞房」日本料理店的親子丼、蔬菜天婦羅蓋飯定食

✶ **街道觀光中央遊客中心（町並み観光中央案内所）**

add　千葉県香取市佐原イ498
open　10：00～17：00（不定休）
access　JR佐原站徒步15分鐘
web　http://www.suigo-sawara.ne.jp

✶ **植田屋荒物店**

add　千葉県香取市佐原イ1901
open　10：00～17：00（不定休）
access　JR佐原站徒步12分鐘
web　http://uedayaaramonoten.co.jp

✶ **並木仲之助商店**

add　千葉県香取市佐原イ502
open　9：00～17：00（不定休）
access　JR佐原站徒步12分鐘

✶ **MAGI之屋菓子店（まぎの屋菓子店）**

add　千葉県香取市佐原イ1721
open　10：00～17：00（不定休）
access　JR佐原站徒步12分鐘

✶ **正上（正上 いかだ焼本舗）**

add　千葉県香取市佐原イ3406
open　10：00～17：00（不定休）
access　JR佐原站徒步11分鐘
web　https://www.shoujyou.com

✶ **真亞房**

add　千葉県香取市佐原イ3412-1
open　11：30～15：00（L.O. 14：30）
18：00～21：30（L.O. 21：00）
access　JR佐原站徒步11分鐘
web　http://www.mabou.info

SAHARA
02

小野川泛舟巡禮

川上體驗往日風情

散步在千葉縣香取市佐原的巷弄，得以腳踏實地感受到這地方的美好，然而更令我感到心曠神怡的，是來一趟小野川泛舟巡禮。

貫穿老街的小野川，曾經是江戶時代佐原的交通要道，因運輸貨物與民生需求而繁盛一時，故搭上小舟在川上往返一回，是最能夠體驗往日風情的方式。

小野川泛舟有固定出船的時間表，每天早上十點開始，春夏到下午四點半，秋冬到三點半爲止，營運時間不很長，而且偶爾會有團客報名包船，容易額滿。因此建議一來到佐原，就可以先到位於「伊能忠敬舊宅」旁的泛舟乘船處登記報名。

小野川泛舟一趟來回約三十分鐘，從上游處的「樋橋」處登船後，沿著細川往下游前行，經過忠敬橋、共榮橋、中橋、開運橋、新橋和萬代橋，最後在北賑橋折返，再回到登船處下舟。

東京近郊很少有類似這樣能夠搭乘小舟，一覽江戶老街的景點，小野川泛舟凸顯了佐原的特殊性。其實，東京的東邊在江戶時代也有很多小川或小運河，擺渡著民生日常需求，如今，在東京都內已經消逝的水鄉澤國，在千葉縣重現了昔日景致。

在柔和的日光中，看著川畔柳樹隨風搖曳，小舟彷彿也像是回應似的輕輕晃動著，好一個慵懶的晴日午後。冬季寒冷時節，船上會設置暖桌，是畏冷朋友的救星。

每艘船上掌舵的阿姨，幾乎都是當地的老居民。她們臉上堆滿笑容，和藹可親，不僅是小舟方向的領航者，亦是往事的留聲機。順著小野川兩岸滑過的風景，她們在時光上泛舟，對我們娓娓道來佐原的往日豐華，以及她們童年時在此生活的點點滴滴。船過水無痕，但口傳的歷史，在擺渡之間，卻會一直潺流下去。

✶ 小野川泛舟：小江戶佐原巡舟（小江戸さわら舟めぐり）

add　千葉県香取市佐原イ1730-3
open　10：00～16：30（春夏）
　　　10：00～15：30（秋冬）
access　JR佐原站徒步15分鐘
web　http://www.kimera-sawara.co.jp/business/boat.html

小野川泛舟一趟來回約三十分鐘；小野川泛舟固定出船的時間表（左）

SAHARA 03

伊能忠敬舊宅＆伊能忠敬紀念館

第一張全日本地圖的繪製者

在乘船處旁的「伊能忠敬舊宅」是江戶時代地圖繪製家伊能忠敬，從十七歲至五十歲爲止約三十多年生活的故居。下船後，記得走進逛逛。

伊能忠敬舊宅佔地寬廣，境內除了有庭園以外，還有好幾幢建築唯美優雅的日式平房老宅，是佐原最老的建築之一，已有兩百多年歷史。

房屋的設計就是伊能忠敬本人，內部除了起居空間外，還設置有書院，甚至還有過去經營釀造業的店鋪空間與倉庫。不僅在過去稱得上是豪宅，如今看來也是非常立派的住宅，已被日本列爲國家史蹟。

伊能忠敬生於一七四五年，卒於一八一八年，是日本歷史上非常重要的人物。他在江戶年代靠著科學的天體觀測技術，加上親自雙腳走遍日本列島沿海各地，完成日本史上的第一張全國地圖「大日本沿海輿地地圖」。當時土法煉鋼畫出來的地圖，比較現在利用衛星觀測拍攝的空照圖，誤差甚少，令人驚嘆。

不遠處還有一棟「伊能忠敬紀念館」展示了更多、更完整關於伊能忠敬的生平故事及重要文化史料。

✶ 伊能忠敬舊宅

add 千葉県香取市佐原イ 1900-1
open 9：00 ～ 16：30
access JR 佐原站徒步 12 分鐘
web https://www.city.katori.lg.jp/sightseeing/meisho/rekishi/s_kyutaku.html

✶ 伊能忠敬紀念館

add 千葉県香取市佐原イ 1722-1
open 9：00 ～ 16：30
access JR 佐原站徒步 12 分鐘
web http://www.city.katori.lg.jp/sightseeing/museum/guide.html

江戶時代地圖繪製家伊能忠敬故居

SAHARA
04

中村屋商店 & NIPPONIA佐原商家町飯店

老屋活化

多半到佐原都是從東京一日來回，但如果想要留宿一夜的話，老街上其實也有很值得下榻的特色旅店。一間名爲NIPPONIA企業，主要在日本兵庫縣鄉下以專門修復老屋，致力於空間再生，活化成餐飲空間或旅店的機構，幾年前也進駐了佐原。

他們挑了佐原的三戶古民家，兩棟作爲住宿，總共僅有四個房間，另一棟則是接待處與餐廳。三幢木屋分別散落在老街各處，變成一處融合街坊生活的特色旅店「NIPPONIA佐原商家町飯店」。

作爲接待處的老屋前身是「中村屋商店」，如今外觀仍如常保存著當年的模樣，內部則經過改修，成爲飯店接待處與一間咖啡茶館。即使不住宿，來這裡喝茶小歇也很好。

窗裡窗外，古今交錯。六百年歷史的水鄉，江戶風情的佐原，老得優雅，就不怕被時代給替代，一轉身，甚至引領流行。

接待處老屋前身是「中村屋商店」，也是一間咖啡茶館

✱ NIPPONIA佐原商家町飯店
（佐原商家町ホテルNIPPONIA）

add　千葉県香取市佐原イ1720
access　JR佐原站徒步12分鐘
web　http://www.nipponia-sawara.jp

HAKONE

神奈川 箱根

時光的通行

「有山亦有水，
有值得靠近細微觀察的據點，
也有適合登高望遠的壯闊風景，
箱根的許多角度，
在四季迴異的時節，
都會帶來難忘的視覺衝擊。」

交通資訊

電車

▶行駛路線：

新宿 —小田急特急ROMANCE CAR 箱根湯本行→ 箱根湯本

行駛時間　90分鐘

▶票券購買：

新宿小田急車站

網站資料https://www.odakyu.jp/romancecar/

從新宿搭乘小田急「浪漫號列車」（Romance Car）到箱根湯本站是最佳選擇，行程約一小時半就能抵達。一九八〇年起服役的「LSE」七〇〇〇型號在二〇一八年七月正式退役，現在的浪漫號列車主要由二〇一八年三月啟用的「GSE」擔綱主角。GSE更新穎舒適，最重要的是座位視窗景觀非常寬闊，覽盡風景，是名符其實的觀光列車。車上還提供免費Wi-Fi與電源插座。

無論對日本在地人或外國旅客來說，箱根都是知名度極高的溫泉鄉。曾經對從海外到訪日本的旅客做過調查，若從東京出發，最想去的溫泉鄉是哪裡？箱根始終奪冠。

HAKONE 01

箱根小涌園YUNESSUN

水的箱根

在冷冷的冬天到箱根泡溫泉，似乎是很理所當然的事，不過其實夏日的箱根，人氣指數也居高不下。白天雖然炎熱，不過只要一進入山林裡，尤其傍晚四點以後，氣溫就會驟降。入夜後，散步在夏日星空下的箱根山路，是恰恰好的舒服溫度。

箱根小涌園「YUNESSUN」（ユネッサン）是盛夏箱根最受歡迎的觀光景點。如果你家裡有小朋友，那麼孩子們一定會愛上這裡。家族旅行時請務必列入行程。YUNESSUN的宣傳標語是「ON泉／OFF泉」，取自日文發音的諧音，意思是「溫泉（ONSEN）／御風呂（OFURO）」。在溫泉的水質中，這裡主要分成兩區，一區是YUNESSUN水上樂園；另一區是森之湯（森の湯）溫泉。前者必須穿著泳衣，後者則是裸湯。

水上樂園區以希臘風情打造出寬敞的室內游泳池，另外還有各種主題水池。其中最特別的是有四座水池，分別注入紅酒、咖啡、綠茶和日本酒香味的池子，讓水上活動充滿娛樂感。隨著季節不同，還會推出期間限定的水池。戶外有水上溜滑梯，最受男孩們的歡迎。從高處而下衝進泳池，看似恐怖，實際上是可接受範圍內的刺激。

繞過水上溜滑梯與瀑布，在背後有一條小徑，會通往半山腰上，那裡有一座我最爲推薦的展望露天風呂。長約四十公尺，階梯式的長條水道坐式溫泉池，從這裡可以眺望箱根山林，隨著不同時間，感受天光變化，氣氛與景緻雙效絕佳。

玩完水上樂園，建議可在設施內的餐廳、咖啡店小歇一會兒，再去另一邊的森之湯溫泉區。在這裡放慢步調，從室內溫泉泡到戶外的各式溫泉池，在卸下泳裝後，完全舒展身心。

YUNESSUN有兩間官方認定的住宿飯店，一間是「天悠」，另一間是「美山楓林」。若有預算上的考量，個人推薦

四大主題水池，紅酒、咖啡、綠茶和日本酒香味（左）；YUNESSUN水上樂園（右）

美山楓林，CP值來說較優。這兩間飯店都可購買含水上樂園與森之湯溫泉門票的套裝行程，兩天一夜的住宿，連續兩天都能進場遊玩，比較划算。

飯店內的商店很早就打烊，晚餐後若是嘴饞，入夜後可以走出飯店，穿過幽靜的山路，在滿是星斗的夜空下徒步十幾分鐘，就可抵達便利商店。帶著喜歡吃的零食和飲料回飯店房間吧！跟同遊夥伴天南地北的閒聊，這一夜，讓我們忘記卡路里。

箱根小涌園YUNESSUN

add　神奈川県足柄下郡箱根町二ノ平1297
open　水上樂園9：00～19：00
　　　森之湯11：00～20：00
access　根湯本站搭乘巴士至「小湧園」站一下車約20分
web　https://www.yunessun.com

美山楓林

add　神奈川県足柄下郡箱根町小涌谷493-48
access　從小湧園徒步約5分
web　https://www.yunessun.com

箱根神社

add　神奈川県足柄下郡箱根町元箱根80-1
access　搭乘「箱根町線：箱根口經由」巴士至箱根神社入口
web　http://hakonejinja.or.jp

HAKONE
02

箱根神社

湖畔的鳥居

箱根的景點雖然分散，不是全集中在登山纜車線路附近，不過若懂得搭乘觀光巴士或一般公車，再搭配徒步健行，其實也能去到很多地方，玩得開心。

前往箱根神社，可從水上世界箱根小涌園「YUNESSUN」離開後，在門口搭乘「箱根町線：箱根口經由」的公車，往「箱根町港」的方向，約十三分車程即可抵達「箱根神社入口」。

大抵見過箱根風景明信片的話，多半對此地的風景不會陌生。日本有兩座浸在水裡的鳥居很有名，一座是廣島的嚴島神社，另一座就是箱根神社。山前的紅色鳥居，矗立在芦之湖的水裡，是箱根的象徵地標。幸運的話，遠方的富士山頭也會在視線中加入共襄盛舉。若非時有觀光海盜船在湖面上緩緩地滑行而過的話，有一刻我恐怕還眞以爲這片美景是靜止的照片集。

拾階而上，在半山腰的箱根神社規模比我想像中更大，境內還有另一座「九頭龍神社新宮」，祈福的「繪馬」插圖設計得十分華麗，買來收藏紀念也不錯。

箱根神社：矗立在芦之湖的水裡的紅色鳥居（上右）；九頭龍神社的「繪馬」十分華麗（上左）

HAKONE
03

駒岳登山纜車

搭駒岳纜車時見到的沿線風景

山頂上的箱根

箱根有兩條登山纜車，一條較長，是比較多觀光客會去的「箱根纜車」，另一條較短，則是「駒岳纜車（駒ヶ岳ロープウェー）」。

離箱根神社較近的是駒岳纜車，可從山下的「箱根園」直抵駒岳山山頂。雖然說離箱根神社近，但從神社到山下的纜車站，若不搭車，徒步前往的話也要花上半小時。所幸沿途風景宜人，途中還可在「蛸川溫泉 龍宮殿」來份午餐休憩一番。餐廳午餐提供的涼麵是夏天招牌菜，而油豆腐套餐也是人氣不墜的經典菜色。

喜歡攝影的人應該會很熱愛搭乘駒岳纜車時見到的沿線風景，而在終點站駒岳山的山頂上，視野極爲遼闊，一片草原的山頂上座落著「箱根元宮」神社，也是爲箱根留念拍照取景的好地方。

有山亦有水，有值得靠近細微觀察的據點，也有適合登高望遠的壯闊風景，箱根的許多角度，在四季迴異的時節，都會帶來難忘的視覺衝擊。

「蛸川溫泉 龍宮殿」的涼麵與油豆腐套餐。

駒岳纜車（箱根園）
add 神奈川県足柄下郡箱根町元箱根139
open 9：00～16：30
access 箱根湯本站搭乘伊豆箱根巴士往箱根園方向，約1小時5分
web http://www2.princehotels.co.jp/amuse/hakone-en/ropeway/

蛸川溫泉 龍宮殿
add 神奈川県足柄下郡箱根町元箱根139
access 箱根湯本站搭乘伊豆箱根巴士往箱根園方向，約1小時5分
web http://www.princehotels.co.jp/ryuguden/

箱根元宮
add 神奈川県足柄下郡箱根町元箱根80-1
access 搭乘駒岳纜車約7分
web http://www2.princehotels.co.jp/amuse/hakone-en/ropeway/fun/shrine.html

HAKONE
04

箱根關所

時光的通行

從駒岳山頂下來以後，選擇返程的方式是搭乘遊船。在登山纜車箱根園站有遊覽船的渡口，從這裡出發，就可以直接抵達行程中推薦的下一站——箱根關所跡港，而這裡有我今次二度造訪的景點，箱根關所。

箱根關所的「關所」二字是「通行關卡」之意，從前江戶時代，德川幕府在全國設置了約五十三個關所，對從另一區域前來的旅人進行安全檢查。當時以有四間關所規模最大，包括「中山道」上的長野木曾福島、群馬碓冰，和「東海道」的靜岡新居，以及神奈川箱根。

關所的安全檢查主要包括兩大項目，一個是針對攜帶武器的人，另一個則是對出入的女性。在那個年代女性多

箱根關所

add　神奈川県足柄下郡箱根町箱根1番地
open　9：00～17：00（12月～2月至16：30）
　※最後入場時間爲30分鐘前
access　箱根湯本站搭乘伊豆箱根巴士至箱根關所跡下車，約40分
web　http://www.hakonesekisyo.jp

半家居，會出遠門的少，當然也就特別醒目。箱根關所則對女性的檢查特別嚴格，查她們遠遊是否有什麼目的？長髮裡是否藏匿鐵砲利刃？

這些歷史上的豆知識，一切都在復原興建完成的箱根關所中。關所境外設置了一間「箱根關所資料館」，可進一步了解歷史脈絡，而門外有扭蛋機，立體的四季富士山模型，值得收藏。天氣絕美之際可以從箱根關所望見富士山，但其實大多時間都無法。所以就轉個富士山模型，放在掌心，襯著風景留個紀念照也好。

箱根關所原建於一六一九年，在江戶時代末期拆除解體。如今，所有仿古的建築雖然都是不是古蹟，但每一幢都是依照出土的文件資料，精心復原建造而成。在掌握了當年的建築全貌和構造，並展開一系列發掘調查，最後在二〇〇七年春天正式復建完成。

來到箱根關所，別忘記爬上半山腰的「遠見番所」。因爲從瞭望台上可以鳥瞰整個關所風貌，同時也能見到不同於湖面上看到的芦之湖美景。

最後別忘記到「御番所茶屋」小歇，來份茶點作爲收尾。推薦茶屋裡賣的麻糬小丸子，以及店內人氣招牌甜點西瓜小丸子。西瓜小丸子其實是冰淇淋，外觀用黑線相間的綠色脆皮巧克力包裹，不說的話，其實看不出是西瓜，但作爲炎夏消暑點心，還是不錯的選擇。

箱根關所跡港（上右）；
箱根關所（上左）；
箱根關所資料館（下右）；
御番所茶屋的甜點西瓜小丸子（下左）；
立體富士山模型（右）

HAKONE
05

小王子博物館

走進安東尼·聖修伯里世界

箱根值得參觀的美術館，多到如繁星般散落在整座山裡，然而在這趟箱根小旅之中，我最先想到要去的，或者更精確地說是只去那裡也無妨的卻只有一座，那就是以安東尼·聖修伯里的童書繪本《小王子》作爲主題的「小王子博物館（星の王子さまミュージアム）」。

藏在山裡的小王子博物館，搭乘巴士要繞幾圈山路，得花上好一段時間才能抵達。但正因爲如此，更有一種千里迢迢走進書裡世界的氣氛。

博物館像一座電影場景，呈現了安東尼·聖修伯里的生平，再現出《小王子》故事裡的畫面與人物模樣。絕不馬虎的細節，要做就做到最像，讓走在石坂路上的我，有一刻眞誤以爲自己重返歐陸。

似乎很多人從《小王子》裡獲得了人生或愛情的啓示，覺得是一則眞摯溫暖的故事。可是我始終認爲這本書，流淌著濃得化不開的憂愁。或許是知道作者的生命，最後無常地終結在他熱愛的飛行之際；又或許是感受到人生中的緣起緣滅，難以預料卻又知道一定會發生的無常，早就隱藏預告在作者生前的筆下字句。

離開博物館前，忍不住回首，再看一眼園內矗立的小王子像。天晴了，小王子的身上仍沾滿雨露，表情看來有點孤單，但在微涼的空氣中仍志氣昂揚，好像隨時踏出的下一步，都會是充滿自信的步伐。

小王子博物館石坂街道與歐式建築（上）；小王子雕像（左）

小王子博物館

add　神奈川県足柄下郡箱根町仙石原909

open　9：00～18：00）
※最後入場時間爲17：00

close　公休日：第2個星期三（3月和8月不休）

access　箱根湯本站搭乘箱根登山巴士至「川向／小王子博物館」下車，約30分

web　http://www.tbs.co.jp/l-prince/tw/

NIIGATA

新潟

夜空下，
大地一片白茫

「在台灣想看一場雪
多麼不容易。
在越後湯澤遇見的大雪，
對我們來說，
只能用兩個字來形容，
那就是『奢侈』。」

交通資訊

上越新幹線

▶行駛路線：

① 東京 → 新潟
行駛時間 2小時4分鐘

② 東京 → 越後湯沢
行駛時間 1小時47分鐘

▶票券購買：

① JR PASS（外國觀光客可利用）

詳細購買、價格與使用方式，請參考官方網站
http：//www.japanrailpass.net/zh/zh001.html

若不購買JR PASS者，
可在JR車站直接購買新幹線票券。

說到新潟，第一印象不外乎遠近馳名的新潟米。新潟這一帶因為水質極佳，種出來的米也好吃。水質優，其實不只代表著米好吃而已，事實上凡是需要用到水灌溉的農產品，也都會跟著變得可口。比如新潟的米果、新潟酒、新潟蕎麥麵，這些原料用到米或麥的灌溉農產品，都是名聞遐邇的特產。

NIIGATA
01

越後妻有小旅行

藝術祭拯救鄉間產業

日本近年來有許多偏遠的鄉間，因少子化和人口外移問題，使得不少地方都陷入暮氣沈沈的窘態。不僅因生產力低落導致財政捉襟見肘，同時也隨處可見荒廢的空宅與校園。所幸幾個地方開始想出拯救的方式，希望藉由觀光與結合藝術季或祭典的形式，吸引外來觀光客到訪，活絡當地的生氣。其中最出名的兩項大型活動，就是瀨戶內藝術祭和大地藝術祭。

新潟縣越後妻有舉辦的大地藝術祭每三年舉辦一次，錯過的話得再等三年，所幸還有冬季微展（越後妻有大地藝術祭冬SNOWART）每年冬天都會舉辦。新潟縣冬天大雪紛飛，原本以爲難以在戶外作展，不過主辦方仍以結合自然景致，設計出雪火花、光之花田、和雪見

藝術祭藉由觀光與結合藝術祭典，活絡當地（右）；在大雪紛飛的新潟縣，結合自然景致，設計出雪火花、花之光田等作品（上、左）。

御膳等冬季限定主題，讓大地藝術祭呈現出與夏季展覽風味迴異的藝術展。

里山現代美術館KINARE

在大地藝術祭當中有一個我很喜歡的展場據點，叫做「越後妻有里山現代美術館KINARE」。對於愛好參與藝術祭的朋友來說，這個地方可說是整個藝術祭的心臟，展場從室內的常設展、企劃展，延伸到戶外中庭的期間限定特別展，一次餵養飽足看展的渴望。在館內有附設咖啡館餐廳「越後信濃川BAR」（越後しなのがわバル），是來到十日町，最快也最精準能吃到在地鄉土料理的捷徑。設施內還設有美術館商店，可購得相關展覽的設計商品及越後妻有的特殊伴手禮。

比起上述的餐廳和商店來說，更令我著迷的是這裡居然還能泡溫泉！館內設施之一，在「越後妻有交流館KINARE」內的「明石之湯」（明石の湯）是中型規模的錢湯，浴場內分有大浴池、生藥湯（藥草湯）、寢湯（可躺臥的浴池）三溫暖烤箱及蒸氣室。在女湯部分的蒸氣室內，還會釋放專屬限定給女性芳香精油。若是在「冬季微展」的展期內來到當地，許多展品都是在冷颼颼的戶外，冷到即使逛完室內的美術館，可能都還覺得冷。所以，要是最後還能來溫泉泡個湯暖身，真的是件非常感人的事。泡完湯，外頭有休息室可供小歇與餐飲充飢。

名稱很長的「越後妻有里山現代美術館KINARE」，當地人都叫其暱稱「KINARE」。原來KINARE（キナーレ）是在地方言「来なされ」，意即「請來這裡！」

原本蕭條的越後妻有十日町，透過現代美術爲媒介，終於又展現了活力。雖然，鄉間的居民或許也跟你一樣，不是很明白藝術到底是什麼玩意兒，不過無妨。只要感受他們「請來這裡！」的眞心，便會明白越後妻有的好山好水與人際關係，就是最至高無上的藝術品。

「明石之湯」（明石の湯）。

越後妻有里山現代美術館KINARE

add　新潟県十日町市本町6-1-71-2
open　10：00～17：00　close　每週三
access　搭乘JR飯山線、北越急行HOKUHOKU線（ほくほく線）
從「十日町」站下車，徒步約十分鐘左右。
web　http://smcak.jp

戶外中庭的期間限定特別展。

access 東京車站出發，搭乘上越新幹線
最快約1小時32分鐘即可抵達

NIIGATA 02

越後湯澤

大雪紛飛溫泉鄉

諾貝爾文學獎作家川端康成的小說《雪國》裡描寫的場景，就是新潟的越後湯澤。這部小說的開頭，「穿過漫長隧道的國境之後便是雪國了。夜空下，大地一片白茫」，幾乎也成爲了日本國內外旅遊書在提到越後湯澤溫泉時，必然會引用的一段話。川端康成彷彿也成了越後湯澤的代言人。

對台灣人來說，奢侈的大雪造就了滑雪場，也讓這裡開設許多針對滑雪行程而經營的溫泉旅館。就算不想要滑雪，挑間溫泉旅館看雪、泡溫泉與吃美食，都是極致的享受。

越後湯澤溫泉的街上有不少餐廳與商店，但規模最完善的還是集中在JR車站裡的大型商場。在這個車站的商場內，新潟越後湯澤的土產也好、美食也好，絕對能讓人吃得開心、買得徹底。其中最特別的，當屬這個酒藏空間，進來就能喝到新潟縣生產的九十六種日本酒。一格格的櫃子，全是日本酒的自動販賣機，投幣後便可淺嚐口感。在名產美食部分，越後湯澤的蕎麥麵與拉麵也值得在這裡品嚐。

越後湯澤有新幹線抵達，距離東京只要一小時半車程就能抵達，因此許多在東京熱愛滑雪的人，在冬天與初春季節，便會利用週末去滑雪，甚至當天來回也沒有問題。

JR車站內的酒藏空間

NIIGATA
03

水屋

雪地裡的溫泉咖啡

走出越後湯澤站的對街，有棟古色古香的兩層樓木造建築。店門外設置了溫泉足湯，恆常在冷冽的氣溫中飄著溫暖白煙，更加引人注目。同一棟樓房裡，就在足湯旁有間商家，外頭擺放了醒目的招牌寫著「溫泉咖啡」，讓喜歡溫泉又愛咖啡的我，忍不住踏足進入，索求一點溫暖。

以溫泉咖啡爲號召的這家店，有個很美的名字，叫作「水屋」。走進水屋之前，會先經過販售新潟地方名產的區塊。這間物產店名爲「Nnmaya」（んまや），主要賣的是以新潟魚沼地區爲主的食材，包括知名的新潟魚沼米、味噌、漬物和各種乾物。秉持著地產地銷的精神，希望藉由這些雪國食材，向大眾傳遞日本食文化的美好。

水屋的招牌就是以溫泉水蒸餾出來的咖啡，還有以溫泉水和米粉製作的各種甜點美食。無論是熱咖啡或冰咖啡，水屋的咖啡均使用溫泉水抽出，而冰咖啡更是用手工的滴漏式「水出咖啡」製作而成。咖啡首重水質，新潟本以優質水出名，故能生產出好米與好酒，因此溫泉咖啡自然也從好水之中，讓咖啡風味愈發醇厚。市面上少見的溫泉水布丁也十分推薦。綿密細緻的口感，搭配咖啡或紅茶，更能拉出味覺的層次。

整個冬天和春天的飄雪已然結束，而溫泉水仍潺潺流動著，竄進美味的溫泉咖啡與布丁裡，和夏天的風，一起等待下一場雪季。

水屋（ミズヤ）

add 新潟県南魚沼郡湯澤町大字湯沢2455
open 9：00～18：00
access JR越後湯沢站 西口前
web http://www.isen.co.jp

溫泉水布丁

水屋內部蒸餾器具陳設

KARUIZAWA

長野
輕井澤

輕井澤的歐風世界

「只是山手線電車繞一圈的時間，就能進入和東京截然不同的，令人舒緩身心的歐風世界。」

交通資訊

長野新幹線

▶行駛路線：

東京 → 輕井澤

行駛時間　1小時2分鐘至15分鐘不等（視新幹線車種）

▶票券購買：

JR PASS（外國觀光客可利用）

詳細購買、價格與使用方式，請參考官方網站
http：//www.japanrailpass.net/zh/zh001.html

輕井澤擁抱了兩個季節。冬天是滑雪勝地；夏天則變成避暑勝地。輕井澤位於長野縣，從東京出發搭乘新幹線約一個小時就能抵達。只需要山手線電車繞一圈的時間，就能進入和東京截然不同的，令人舒緩身心的歐風世界。

輕井澤自古以來，就因為外國傳教士前來此地的關係，逐漸發掘出這裡得天獨厚的地理條件跟氣候。不但冬天可以滑雪，夏天能夠避暑，甚至還有溫泉。於是，百年前開始，輕井澤又吸引了大量的外國人前來建造別墅。或許是住在這裡，也或許是當作休假的去處，從那時候開始便打造出擁有大量歐風森林別墅的雛形。

KARUI ZAWA 01

中輕井澤

體驗森林歐風別墅

輕井澤的區域很廣，主要以新幹線停車的輕井澤車站爲中心。這一帶是交通最爲便利的地方，飯店和高級的歐風森林旅館也爲數眾多。參加旅行團或購買旅行社套裝行程，最常安排的就是距離車站最近的王子飯店。尤其還有超大型的OUTLET暢貨中心，更吸引許多遊客投宿於此。不過，也因爲如此，你就不會再有機會，深入更在地、更寧靜的輕井澤森林住宿體驗了。

因此，我決定離開輕井澤站，在輕井澤車站的下一站，也就是「中輕井澤」站的這一帶尋找旅館。從輕井澤到中輕井澤，一小時只有一班列車，周遭不是那麼熱鬧的，也完全沒有可以逛街的地方。不過，不是嚷嚷著說要放下工作，離開城市的喧囂嗎？那麼，這裡的環境就是最爲合適的。

我挑了一間叫作「Forest of Nome」的歐風森林別墅。這間旅館，從中輕井澤站出站以後，還得搭乘公車或計程車才能抵達，車程大約五到七分鐘。但因爲公車班次少，下車地點「釜之橋」還要再徒步一小段路，因此建議還是搭乘計程車，直接開到旅館門口，車資約日幣一三〇〇圓左右。一行人一車的話，其實比搭公車每個人付車資還划算。

在黃昏之際，抵達「Forest of Nome」歐風森林別墅時便驚歎了。橘黃滲著寶藍色的夕陽下，綠樹簇擁著華燈初上的旅館。踏進「Forest of Nome」時肚子已經餓了，準備享受今晚在森林歐風別墅裡的晚餐。

晚餐豪華得令人吃驚。不是一人一份的定食套餐，也不是對店家來說容易打理的歐式自助餐，而是整套完整的法式

Forest of Nome（ノームの森）
add 長野県軽井沢町長倉1807-3
access 自中軽井沢站轉乘計程車，
車程約五至七分鐘，車資約日幣1300円
web http://nome.jp/

西餐。從餐前酒（果汁）、無限量的餐前麵包、沙拉、生魚片、湯（特別推薦夏日馬鈴薯冷湯）、前菜、牛排主餐、甜點到飯後飲料，量多且細緻，吃得每一個人都飽到快翻了過去。至於早餐也是相當用心，還沒入座，光是看到擺滿桌上的食物時，已經感覺到幸福而完美的一天。

Forest of Nome的房間挺大的，放下兩張單人床、甚至再加床成三人房也可以，剩餘的空間依然感覺寬廣。每間房都有前門跟後門，後門打開，就是庭園。同行旅伴住在緊鄰的兩間房，大家就從通往庭園的後門穿梭來去。

室內溫泉池雖然是公共的，但因為客房不多（總共只有十四間房），一起共用時，可將門鎖上。房間外的庭園，一直通向旅館外的森林。早上起床時，到附近散步，很神清氣爽。

旅館的老闆娘相當親切，而且很有才華。離開旅館的那天早晨，她端出一排以和風花柄的布料製作而成的面紙布包。原來，全是她手工縫製的。這是她要送給每個人的小禮物。挑好自己喜歡的圖樣，包起的不只是面紙，還有對於這間旅館，這個夏天，清涼卻又溫暖的回憶。

歐式自助餐沙拉、牛排主餐；Forest of Nome外觀；利用暖爐生火同時還可燒水；甜點與飯後飲料；輕井澤花開時節（上圖由左至右）

KARUI ZAWA
02

青空綠野腳踏車

悠活單車路線

來輕井澤怎能夠不騎腳踏車呢？事實上租腳踏車還有另外一個原因。就是輕井澤腹地相當廣大，特別是在輕井澤站以外的郊區，如中輕井澤和南輕井澤，每個景點都很分散，如果你不租台腳踏車，根本很難在短時間逛到那些地方。

石之教會內部

在輕井澤很多地方，特別是車站周圍，都很容易見到租腳踏車的店家。投宿的地方是中輕井澤站周圍，因此是到中輕井澤站對面的一間租車店租車的。腳踏車按時計費，每一家價格不會差太多，也挺合理。大人、小孩或協力車，各種車型都有。中輕井澤車站對面只有這一間租車店，店家的老太太租車給我時，竟然押金和證件都不用，不過留個名字而已，看幾點騎回來再算錢。

如果是從中輕井澤站出發，單車路線可以分成往車站的南方或北方兩大區塊。南方是住宿飯店的區域，聚集了一些在森林裡的美術館和博物館，北方則是包括「石之教會」等出名的教堂，另外也會經過一區聚集著許多美味餐廳和名產店的「ハルニレ　テラス」（Harunire Terrace）。再往下騎，就會抵達輕井澤著名的「星の野」飯店。

牛豬肉；酢重正之商店（下）

KARUI ZAWA 03

漫步舊輕銀座

被果將和蜜釀蘋果圍繞

輕井澤的重頭戲之一，就是來到在輕井澤站附近的「舊輕銀座」和「輕井澤OUTLET購物中心」，好好放縱一下，花錢享福吃美食。

抵達舊輕銀座的方式，可以在輕井澤站附近租用腳踏車，或者像是我和旅伴們徒步前往，沿路邊聊邊吃著，一點也不覺得路途遙遠。舊輕銀座的主街長約八百公尺，在「舊輕銀座通」（旧軽銀座通）這條路上的兩邊，盡是風格獨具的商家。有餐廳、咖啡館、服飾店和當地名產店，隨時彎進任何一間小店，都會有愉悅的驚喜。

輕井澤周遭因爲盛產水果，在舊輕銀座大道上的店家，自然就以當地水果製成的周邊製品而聞名。例如，因爲當地的蘋果出名，賣起一種「蜜釀蘋果」的甜點。用醃製的手法，將整粒蘋果用蜜糖浸泡，光是看就已覺得全身甜蜜蜜。此外，還有不能錯過的果醬。光是一間店就可能超過五十種以上的口味，更何況整條街到處都是不同的果醬店呢？爲了沾果醬，這裡的麵包甚至也變得好吃了起來。

此外，我在輕銀座通上，還吃到一間相當令人驚艷的和風午餐。這間店名爲「酢重正之商店」的餐廳，以長野縣名物味噌、醬油和當季食材作爲基底，做成味噌鯖魚、炸鮭魚、牛豬肉和茶泡飯，甚至是食材豐盛的味噌湯，是一間令人想要盡快再去吃第二次的店。

酢重正之商店

add　長野県北佐久郡軽井沢町軽井沢1-6
open　10：00～18：00（全年無休，夏季時營業時間可能變動）
access　輕井澤站「舊輕銀座通」上
web　http://www.suju-masayuki.com/

輕井澤物產館咖啡；醃漬蜜釀蘋果（右）

中部

IZU

靜岡
伊豆半島

伊豆舞孃的純愛之路

「是否讀過《伊豆的舞孃》或許並不重要，重點是當你走過這段路，收穫沿途的好山好水好溫泉，最後還能以美食收尾，那已是旅途中至極的享受。」

交通資訊

長野新幹線

▶行駛路線：

東京站 —JR新幹線·名古屋或新大阪、博多行→ 三島

三島 —伊豆箱根鐵道駿豆線·修善寺行→ 伊豆仁田

行駛時間　45分鐘

▶票券購買：

JR東京車站

從東京出發，遊伊豆半島除了最知名的箱根、湯河原和熱海以外，若有餘裕，推薦不妨再一訪景觀極致的伊東大室山，在這裡可以眺望，漂亮到令人離不開日本的富士山美景。

另外，半島還值得一去的地方是相當適合悠閒散步，靜謐的下田小鎮。下田在日本近代歷史上非常重要，因為這裡曾經是鎖國的日本，歷史上第一個對外開放的港口，可謂是日本近代化的起點。最後，卻也是整趟伊豆半島之旅的壓軸，就是走訪小說《伊豆的舞孃》的文學場景。

大室山LIFT
add 靜岡県伊東市池672-2
open 9：00～16：30
access 伊豆高原站搭計程車約12分
web http://omuroyama.com

IZU
01

大室山

伊東市的象徵，眺望富士山的絕佳地點

去大室山最便利的方式其實是租車自駕。如果自行前往，採用大眾運輸工具的話也比想像中的便利。購買「東海觀光FREE PASS」巴士券就可以在一天以內無限次搭乘，前往伊東市各個重要景點。其中一站是「大室山LIFT」（大室山リフト），從這裡搭乘登山纜車，只要六分鐘左右，即可到達山頂。

大室山是標高五八〇公尺的火山，可謂伊東市的象徵。從山頂能眺望到山腳下的整片城市與海灣，甚至清楚遠眺到整座雪冠的富士山，景色優美極致，令人心曠神怡。繞著山頂的火山口一圈，設置了易於行走的散步道，雖然初春氣溫仍涼，非得裹著羽絨衣才行，但空氣清澄，更加遼闊的視野令人立即忘卻了冷風。

從山頂能眺望到山腳下的城市與海灣，甚至還可以看到富士山

繞著火山口的邊緣前進，看山賞海聽風聲。生活中有什麼非趕不可，非生氣不可的事呢？這一刻，我的心情感覺平靜，彷彿靈魂都被洗滌。

IZU 02

下田

黑船入港歷史地散策

在日本近代歷史上，下田是非常重要的一個據點。江戶幕府末年，當時仍處於鎖國狀態的日本，在美國要求開放的壓力下，簽訂了「日美和親條約」。條約中確定了開放兩個港口讓美國人上岸並通商，一個是北海道的函館（當時稱箱館），另一個就是下田。

當時協商並簽訂條約的地點，在下田市的「了先寺」。如今這座寺廟已成爲教科書上的史蹟，旁邊還建設了一棟「黑船博物館」（Mobs黑船ミュージアム）訴說時光的故事。許多畢業旅行的學子來到伊豆下田，都會到此參觀。其實是很小的一座寺廟，能逛的腹地不大，但卻從這個小地方開始，改變了日本的命運。茉莉花季節到來時，是了先寺最唯美的時節。在芬芳的香氣中，覆蓋掉歷史的煙硝味。

當時率領美國東印度艦隊（俗稱黑船）入港的司令名爲馬休·佩里，遂成爲與下田歷史不可分割的重要人物。如今，在下田市區內有一條路即命名爲「佩里之路」（PERRY ROAD／ペリーロード）。很喜歡由佩里路沿著運河向前延伸的石坂小徑，小川跨越著許多小橋，橋兩側的建築造型優美，古意盎然。木造與石磚交錯著，像多元文化的撮合。

運河邊，許多老屋子現在經過改造，進駐了咖啡館、義大利餐廳或生活雜貨店，雖然整體而言，從觀光的層面看，這一帶說不上是熱鬧，但對我來說卻是恰恰好。人煙稀少，一場靜謐的下田散策，才能細細咀嚼悠閒的況味。

佩里之路

了先寺

add 靜岡県下田市七軒町3-12-12

access 下田站徒步約10分

web http://www.izu.co.jp/~ryosenji/

黑船博物館

add 靜岡県下田市七軒町3-12-12

open 8:00～17:00

access 伊豆急下田站徒步10分

web http://www.mobskurofune.com

佩里之路

add 靜岡県下田市三丁目

access 伊豆急下田站徒步10分

了先寺

IZU
03

修善寺溫泉鄉

走訪《月薪嬌妻》新婚旅行溫泉鄉

伊豆半島歷史最悠久的溫泉鄉，是在靜岡縣伊豆市北部的修善寺溫泉。被評選爲「日本百名湯」（百大知名溫泉）的修善寺溫泉，暱稱爲「伊豆的小京都」，相傳開發的時間最早可追溯至平安時代的弘法大師（約唐朝末年）在這裡創建「修禪寺」（又名修善寺）時，便同時拉開了此地溫泉的序幕。

修善寺溫泉鄉在歷史上和文學場景上，占有重要的地位，因此不少日本的校外教學或畢業旅行，若來到靜岡縣的話，都會將這裡劃入行程。不過，除了學校的旅行以外，其實這幾年來，會到訪這一帶的旅客年齡層都偏高，似乎不太受年輕人的青睞。然而，這一切忽然在最近有了一百八十度的急轉彎。突然

間，修善寺溫泉人氣暴漲，成爲網路世代熱切關注的旅遊目的地。原來，全是因爲星野源和新垣結衣主演的日劇《月薪嬌妻》（又譯：逃避雖然可恥但是有用）的關係！

在《月薪嬌妻》劇中，契約結婚的男女主人翁津崎和森山，有一集是藉以「社員旅行」之名行「新婚蜜月旅行」之實，兩人到訪的溫泉鄉就是修善寺溫泉。他們下榻的「宙ＳＯＲＡ渡月莊金龍」溫泉旅館，距離修善寺站約有八分鐘的車程，位於修善寺溫泉鄉的中心地。客房內場景雖然是攝影棚的佈景，但旅館大廳和早餐用餐處，都是在這間旅館內實際拍攝的。據說這集播出後，旅館的網站就因爲流量太大而當機，如今成爲當地人氣指數最高的旅館。

筥湯

修善寺溫泉鄉有一座大眾溫泉名爲「筥湯」，如果沒有在旅館留宿的話，可以到這裡來泡溫泉。一二〇四年被囚禁在當地的將軍源賴家，在泡湯時遇刺，成爲歷史上重要的場景。二〇〇〇年時復原重建，同時設立了一座12公尺的高台，從文豪夏目漱石的作品中挑詞，命名爲「仰空樓」。事實上，夏目漱石跟修善寺溫泉也很有關係。夏目漱石晚年曾在這裡的溫泉旅館養病，非常鍾愛這裡的氣氛。其他如芥川龍之介、泉鏡花和川端康成等名家，也都曾在作品中寫過修善寺溫泉。

獨鈷之湯

筥湯對岸，在溪川上有一座涼亭，這

大眾溫泉「筥湯」，一旁是高台仰空樓

獨鈷之湯

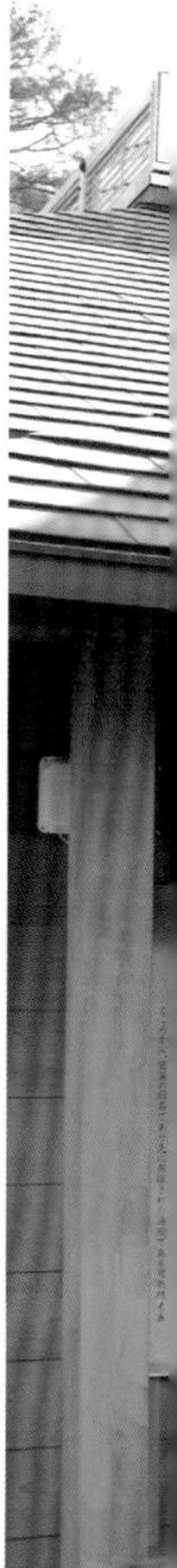

筥湯

add 靜岡県伊豆市修善寺925
open 12：00～21：00
（最後入場20：30）
access 從修善寺搭巴士，往修善寺溫泉方向至「修善寺溫泉」站下車約8分
web http://kanko.city.izu.shizuoka.jp/form1.html?pid=2383

獨鈷之湯

add 靜岡県伊豆市修善寺
access 修善寺溫泉站徒步3分
web http://kanko.city.izu.shizuoka.jp/form1.html?pid=2376

裡正是修善寺溫泉的起源，獨鈷之湯。傳說從前弘法大師來到此地，曾見到一位少年用河水替患病的父親洗澡，不禁被少年的孝心所感動，於是大師就用佛具「獨鈷」指向岩石，溫泉就忽然湧現了。少年的父親用溫泉水洗澡以後，身體便痊癒。自此「獨鈷之湯（独鈷の湯）」就相傳對身體特別的好，只要來到修善寺的遊客，就算不去筥湯泡湯，幾乎也都會來獨鈷之湯泡足湯。

修善寺

最後不可錯過的就是修善寺了。修善寺溫泉得名自又名修善寺的修禪寺（善和禪，日文發音相同）。這裡向來被視爲祝禱緣分的聖地。尤其是在修善寺前有一座橫跨桂川的紅色柵欄橋，名爲虎溪橋，又被暱稱憧憬橋，據說只要一邊在心底默念著願望，一邊走過這座橋進入修善寺，那麼就能夠達到「戀愛成就」。

愛的過程，恍如架橋的工程。若無緣分，若沒有付出，彼此永遠都只能在水一方，隔岸對望。是否森山和津崎走過這裡時，也曾在心裡偷偷的祈禱過呢？當你有一天也走過這座橋時，無論是一個人或是兩個人，都請別忘記許下一個，不虧待自己的心願，好嗎？

橫跨桂川的虎溪橋

修善寺

修善寺

add　靜岡県伊豆市修善寺964

open　8：30～16：30（10月～3月至16：00）

access　從三島站搭伊豆箱根鐵道駿豆線各停，往修善寺方面

web　http://shuzenji-temple.com/index.html

IZU
04

踊子步道

伊豆舞孃的純愛之路

伊豆半島之旅的壓軸，也是促發我這一趟旅程最初的誘因，就是踏上《伊豆的舞孃》這部小說的文學場景「踊子步道」(踊り子步道)。

相信很多人，特別是喜歡閱讀的朋友，很可能最初知道伊豆這地方的存在，都並非是聽說這裡的溫泉有多好，而是因爲川端康成的這部諾貝爾文學獎得獎作品。即使沒讀過內容，至少也都聽過書名，因此對很多熱愛日本的文青來說，伊豆和伊豆的舞孃，幾乎就是畫上等號了。

《伊豆的舞孃》說的是一則年輕的初戀故事。一個二十歲的高中生，到訪伊豆天城山旅行，途中遇見了一個不到二十歲的舞孃，少女小薰，兩個年輕孩子在邊走邊聊的過程中，則激發了情竇

休憩站「出合茶屋」（上）；踊子步道（下左）；天城山隧道（下右）

初開的純愛。因爲這部作品的問世和獲獎，增添伊豆天城山這地方的浪漫情懷，從此吸引無數的人到此朝聖。今天，我終於也是這其中一人了。

故事中男女主角相識的地方，在中伊豆的天城山河津川上游。現在這裡被規劃成長達二十一公里的「踊子步道」觀光路線，正是小說中主角們走過的路。起點從天城山的淨蓮瀑布開始，越過舊天城山隧道，經過「河津七瀑」以後，終點在湯之野的福田家。

這條文學步道很長，要眞想走完全程的話，可能得花上八個小時吧，建議就以幾個點爲中心即可，例如就以「河津七瀑」當中最知名的「初景瀑」爲重點，另外也推薦走一趟歷史已逾百年的舊天城山隧道。

至於所謂的「河津七瀑」包括了釜瀑、蝦瀑、蛇瀑、蟹瀑、初景瀑、出合瀑和大瀑。初景瀑附近矗立著《伊豆的舞孃》中男女主角的銅像，重現故事的氣氛，如今是遊客到訪時必定拍照打卡的景點。這附近沿途有不少休憩站，例如「出合茶屋」有賣土產和餐飲，若走累了，可在此吃吃喝喝再上路。

其實在探訪河津七瀑的沿途上，有許多露天溫泉。大部分是「野湯」，意即可直接跳進山林的野溪中泡湯。有些是光著身子的裸湯，有些則可穿著泳衣。倘若眞不習慣的話，那麼還是尋找途中的溫泉旅館吧。其中最知名的，自然是「踊子步道」終點的湯本館百年旅店。川端康成在這裡書寫《伊豆的舞孃》同時也將這裡寫進書裡，故而聞名。

道之驛 天城越

最後值得一提的是，越過天城山隧道以後，在那一帶的食堂中，經常能見到在店裡販售著一款鄉土美食，那就是標榜爲「天城越（跨越過天城山）名物」的野豬肉料理。從烤野豬肉蓋飯到野豬肉火鍋，各種山豬肉烹飪而成的餐點，是當地自豪的菜色。我在「道之驛 天城越」（道の駅 天城越え）也享用了烤山豬蓋飯，果然美味。野豬肉肥肉少，肉質甘甜，值得一嘗。

無論你是否喜歡《伊豆的舞孃》這個故事，其實我想都無妨。重點是當你走過這段路，收穫沿途的好山好水好溫泉，最後還能以美食收尾，那已是旅途中至極的享受。

踊子步道

add 靜岡県伊豆市湯ケ島
access 從修善寺搭東海巴士至「水生地下」站
web http://hellonavi.jp/index.html

道之驛 天城越

add 靜岡県伊豆市湯ケ島892-6
access 從修善寺搭往河津行的東海巴士約40分至「昭和之森會館」下車
web http://kanko.city.izu.shizuoka.jp/form1.html?pid=2365

「道之驛 天城越」的烤野豬肉蓋飯

ATAMI

熱海

靜岡

文學景點的溫泉海濱

「燦燦日光下，悠閒緩步在熱海車站前的『糸川遊步道』。跨在溪水上的小橋有許多可愛的橋邊雕飾，讓文藝的熱海，更增添不少柔情。」

交通資訊

長野新幹線

▶行駛路線：

東京站 — JR新幹線KODAMA 名古屋或新大阪行 → 熱海

行駛時間　45分鐘

▶票券購買：

JR東京車站

雖然熱海在三十多年前日本泡沫經濟高峰時，曾是極為鼎盛的旅遊休憩觀光勝地，但隨著建築老化、開發停滯，旅遊人潮轉往其他觀光地，便逐漸沈寂下來。

不過，這幾年來，熱海卻慢慢有了改變的跡象。許多樂於創業經營海邊咖啡館、背包客旅店的年輕族群，感到湘南海岸已被開發過度，地價愈來愈高之際，突然發現熱海是個環境優美，租金低廉的據點，且擁有區域新生再造的挑戰性。簡而言之，就是個CP值很高的地方。

ATAMI
01

熱海銀座商店街
親水公園

好逛的熱海車站前

從東京到熱海非常方便。搭乘新幹線，只要40多分鐘就能抵達，兩人以上成行可買新幹線出遊特別套票，更爲划算。當然若是持觀光簽證的外國遊客，又恰好買了期限內可無數次搭乘的JR PASS，不去一趟熱海，實在可惜。

熱海主要的溫泉飯店，距離JR熱海車站都不遠。賣紀念品、當地土產老舖和近來興起的咖啡館等商家，集中在最熱鬧的「熱海銀座」商店街。不過，請先別急著吃吃喝喝、逛街購物，既然來到熱海，那麼當然就要先去欣賞海濱美景了。

在銀座町不遠處，有一座臨海的親水公園，據說當年是以包括義大利里維耶拉海岸在內的歐洲海港，作爲想像的藍圖所整備建設而成的親水散步道。白天可一望藍天下停泊在港口的白色小船，晚上則有戀人聖地之稱的「月光平台」燈飾夜景，無論何時都有散步的樂趣。

就在親水公園附近，有一文學場景，是喜好閱讀日本文學的朋友，應該一探的地方。在那裡矗立了一尊男女的銅像和文學碑，典故出自於明治時代作家尾崎紅葉的小說《金色夜叉》中的男女主人翁。

男主角名爲「間貫一」，女主角名爲「鴫沢宮」，其中一幕兩人過戲的重要故事場景，就發生在熱海。《金色夜叉》從一八九七年一月到一九〇二年五月於讀賣新聞連載，可惜作者還未寫完就不幸過世。直到他的旗下子弟小栗風葉接手書寫《終篇金色夜叉》，在一九〇九年出版後，故事才有了尾聲。

百年來這部小說被搬上電影、電視和舞台劇舞台至少有32次以上，因戲劇受到歡迎，也讓熱海成爲知名觀光景點。

熱海銀座商店街

add 靜岡県熱海市銀座町
access JR熱海站徒步15分
web http://www.siz-sba.or.jp/atamignz/

金色夜叉主角雕像

add 靜岡県熱海市東海岸町15
access JR熱海站徒步15分

銀座町不遠處的親水公園（上）；明治時代作家尾崎紅葉的小說《金色夜叉》中的男女主角銅像（下）

ATAMI 02

糸川遊步道

日本最早櫻花盛開的秘境

我們所認知的日本櫻花季，一般來說指的都是在三月底四月初綻放的吉野染櫻品種，因爲盛開的花期短，且近年來氣候冷暖不穩，什麼時候開花也變得愈來愈難預測了。身在國外的旅人們，每一年在計畫賞櫻旅行時，偶爾就會有天算不如人算的感慨吧。

其實，若非堅持一定非要看到吉野染櫻不可的話，從一月下旬到三月，在關東還有其他地方，是保證可以看到櫻花盛開的美景的。

熱海，這個搭乘新幹線，距離東京只要四十多分鐘車程的溫泉勝地，原來也是賞櫻勝地。而且是號稱日本最早能「花見」（賞櫻）的地方，比靜岡知名的河津櫻還早開花。

這一天，我拜訪熱海的時節，才剛進入一月下旬。天氣尚冷，距離春天的玄關仍有一段路，但熱海已是繁花盛開的磅礡景象。這裡的櫻花是一種暱稱爲「熱海櫻」的「寒櫻」品種，有點類似於台灣能看到的櫻花，但顏色沒那麼紅，稍微再偏粉嫩系。細究起來的話，熱海櫻是台灣跟沖繩種植的寒緋櫻，與關西以西種植的山櫻，兩種櫻花交配而成的品種。原本不屬於日本本州原生的花，產於印度，在明治四年時才由義大利人

助式的柑橘販賣機（左）；櫻花季的「糸川遊步道」（右）

帶進熱海，大量種植而成今日景貌。

全日本最早開的熱海櫻，主要集中在離熱海車站銀座商店街不遠處的「糸川遊步道」旁，沿著潺潺的小溪在兩側綻放。花期很長，從一月下旬直到三月初都會開花。因此若農曆春節假期來到日本旅行的話，很建議不妨安排個兩天一夜的熱海溫泉之旅，順便還能賞櫻。

糸川遊步道
add　靜岡県熱海市銀座町～中央町本町商店街
access 伊豆箱根／東海巴士銀座站或本町商店街站

通常從一月下旬到二月中旬，「糸川遊步道」還會舉辦「熱海櫻祭」慶典，每逢週末時，除了一些特別活動外，還會提供免費的櫻花茶供遊客享用。

就算是已過熱海櫻花季的時期，那麼也無妨。因爲「糸川遊步道」本身就是一條很值得在燦燦日光下，悠閒緩步的好去處。整條散步道路，跨在溪水上的小橋，有許多可愛的橋邊雕飾，讓文藝的熱海，更增添不少柔情。

直抵「糸川遊步道」盡頭的商店街，忽然在轉角瞥見一排有透明門的置物櫃。仔細一看，裡面放的是一袋袋的柑橘。原來，是自助式的柑橘販賣機。走累了，口渴了，不如投幣買包當地自產的美味柑橘吧，在河邊拾張石椅，在高調綻放的熱海櫻前細細品味。

風來了，樹搖曳。雖然沒有櫻吹雪的美景，但與朋友並肩而坐，道美景話回憶，還有柑橘甜在口中，彷彿從眼底到心裡，都被熱海櫻給染成了一大片的粉嫩色澤，人生都因此夢幻了起來。

ATAMI 03

本家常盤木

羊羹老舗的熱海風味

離開早開的春櫻溪水小徑，看盡天然好景，視覺縱使已經滿足，但身體卻也忽然感覺亟待補給。嘴饞了，那麼不如就來尋找熱海當地的傳統老舖吧！在日本，每一個極具歷史的城鎮，勢必都會有歷史悠久的和果子店。因爲人生苦短，甘美的和果子，永遠都能在適當時分，扮演起拯救靈魂的萬靈丹角色。

從「熱海銀座商店街」背對著親水公園的方向一路直走到底，有一間我喜歡的百年和果子老舖，同時也是拜訪此地不容錯過的重要地標。這間名爲熱海「本家常盤木」（ときわぎ）的老店創業於一九一八年，主要聞名的和果子是以羊羹爲首。號稱百年相傳的手工和果子製作技法，時至今日衍生出各式口味，包含了最傳統也是最受歡迎的招牌本煉

本煉羊羹、小豆羊羹、栗羊羹和柚子羊羹，以及用京都抹茶作成的抹茶羊羹

本家常盤木

add 静岡県熱海市銀座町14-1
open 9：30～17：30
close 公休：週三、週四
access JR熱海站徒步15分
web http://www.tokiwagi.co.jp

常盤木羊羹店

add 静岡県熱海市銀座町9-1
open 10：00～18：00
close 不定休
access JR熱海站徒步15分
web http://tokiwagi-yohkanten.com/

羊羹、小豆羊羹；有使用四國高知縣產的栗子、柚子，製作而成的栗羊羹和柚子羊羹（冬季限定）；還有用京都抹茶作成的抹茶羊羹。

既然特地來到靜岡了，或許就想嚐嚐使用當地食材製作而成的羊羹吧？那麼很推薦試試看熱海生產的夏蜜柑製成的熱海蜜柑羊羹。柑橘的香味清新可口，顛覆羊羹濃稠過甜的印象。可惜是只有夏天才有出品限定產品。時程錯過了，那麼就試試看也是使用產自靜岡的梅子，製成的梅羊羹吧。羊羹內添加進紫蘇，兩種口感融合起來，甜中略帶鹹味，可說是店裡販售的羊羹中，最特殊的味道。

「本家常盤木」老店創業於1918年（左）；「常盤木羊羹店」爲二代經營時分支出來成立的（右）

但我個人更爲推崇的，是跟店名相同名字的一種羊羹，常盤木。常盤木羊羹跟一般羊羹綿密的口感完全不同，製作方式是把羊羹自然風乾，做成一種粗脆的特殊羊羹。表面因乾燥而生成糖分結晶，咬下去時先是一層薄薄的脆皮，但內餡則保有紮實的羊羹原感，算是一次能品嘗到兩種感覺的羊羹。從初代創業者前澤鶴吉到當今四代目的曾孫壽美江，熱海「本家常盤木」宣稱不使用任何添加劑，因此包括常盤木在內的所有羊羹，賞味期限都很短。提醒大家購入之後，最好幾天內就能吃完，否則就會愈來愈硬，失去美味。

有趣的是，這間「本家常盤木」的店名其實是用日文片假名寫成的「ときわぎ」，而在十字路口對面，則有另外一間是用漢字「常盤木」店名寫成的「常盤木羊羹店」。原來，這間「常盤木羊羹店」是在「本家常盤木」二代經營者時，從家族成員中分支創業的店家。比起「本家常盤木」來說，「常盤木羊羹店」似乎更懂得新時代的行銷手法，除了在店內開設年輕人喜愛的咖啡館以外，也嫻熟運用網路社群和媒體報導的力量，增廣知名度。

本家常盤木，常盤木羊羹店，源頭雖然一致，但現今卻互不承認，甚至連「暖簾分家」都不認同，僅認爲自己才是最正宗繼承祖先遺志的百年老店。要說哪一間才是正宗呢？抑或是哪一間才是傳承了眞正的原始美味？一條馬路，對站著兩份命運，隔出了兩個看似對立的店鋪。不過，在我看來，他們其實卻又是共生共享著歷史資產的和果子老鋪。

有故事的地方，就有日本和果子。和果子店故能淵遠流長，讓身爲旅人的我們，能從老鋪的建築、歷史和食物的口感中，體會那恍如包裹在內餡中，記錄著一個地方的歲月。

ATAMI
04

MARUYA旅店

小鎮再造，
背包客旅店重振熱海觀光

靜岡縣的熱海溫泉在三十年前日本泡沫經濟高峰時，曾是全國最知名的溫泉旅遊勝地，但隨著建築老朽化、開發停滯，旅遊人潮轉往其他觀光地，熱海也逐漸沈寂下來。

過去數年來，提到熱海，印象就是沒有年輕人的地方。然而，這兩年狀況有了新變化。有愈來愈多想要經營咖啡館、旅店的年輕人，發現熱海是個很值得進駐開發的地方。

熱海市距離東京車程不算遠，有海有山有溫泉，頗有鎌倉湘南海岸的氛圍，但房租卻更爲便宜，容易實現夢想。

背包客旅店「MARUYA」就是其中代表。以木質裝潢打造的住宿空間，房型從單人和雙人的膠囊床位，到LOFT

形式的三人房，一樓還有公共交流空間與廚房提供自炊。一樓對外的開放式咖啡酒吧en+maru，則是來自東京惠比壽的店家。

除了「MARUYA」以外，另一知名背包客旅店「KAOSAN」也預計在熱海市展店。充滿理想抱負的年輕人紛紛來到熱海，爲市鎮注入新鮮活力。

Guest House MARUYA

add　靜岡県熱海市銀座町 7-8
access　伊豆東海巴士往熱海港　後樂園方向，Sun Beach下車徒步 5 分
web　http://guesthouse-maruya.jp

背包客旅店「MARUYA」，空間以木質裝潢打造

ISE

伊勢
三重

交通資訊

電車

▶行駛路線：

① JR大阪 —JR大阪環狀線— 鶴橋 —近鐵 阪伊乙特急— 伊勢市

行駛時間　1小時59分鐘

② JR名古屋 —JR快速みえ— JR 伊勢市

行駛時間　1 小時33分鐘

▶票券購買：

① 當地JR各車站

近鐵阪伊乙特急非JR系統故不可使用JR PASS

② JR PASS（外國觀光客可利用）

詳細購買、價格與使用方式，請參考官方網站
http：//www.japanrailpass.net/zh/zh001.html

永恆，伊勢神宮

「爲了每二十年一次的遷宮，
伊勢神宮四周種滿了高級檜木。
至於宮殿拆遷後的木材，
會運往全國各地，
讓需要木材的神宮或神社得以利用。
一種信仰的行爲，
其實暗喻著環保與新陳代謝的循環。
眞正的永恆，不是海枯石爛。
眞正的永恆，是不斷的新生。」

接觸日本旅遊和文化的台灣人，肯定都聽過松阪牛肉和伊勢海老（龍蝦），可是很少人知道這兩樣名產出自日本三重縣。而一提起三重，台灣人又難免就直接先想到台北相同的地名，因此對於三重印象彷彿就更淡薄了。然而，如果你真的喜歡日本文化，喜好到日本旅遊，那麼你必須知道三重縣在日本人的心目中有著多麼舉足輕重的地位。

ISE 01

夫婦岩

情感的種種試煉與考驗

三重縣伊勢市附近有一段美麗海岸，擁有一個令人充滿好奇的地名，稱作「二見浦」。既有二見，那麼在這附近是否尚有一見或三見嗎？答案是，沒有。關於二見浦的地名由來，有幾種說法。一種是說眼見到了這片燦美的景色，忍不住再回首去看第二眼，因而得名。另一種則是根據歷史上的記載，在千百年前，負責尋找祭祀「天照大神」的最佳地點（也就是現在伊勢神宮所在地）的皇女倭姬，來到此地以後，深受美景感動，因此特地沿著從伊勢神宮的五十鈴川，兩度來到下游的伊勢灣口看海，因此這地方便得名二見浦。

由於距離伊勢神宮很近，自古以來，二見浦就成爲人們前去伊勢神宮參拜的中繼站。前一天傍晚抵達二見浦，在這

裡停泊一晚，淨身洗滌疲憊以後，翌日清晨，再精神抖擻地前往神宮，以最純淨的心，朝聖日本皇室所祭祀與象徵民間的最高之神：伊勢神宮天照大神。

在二見浦沿岸，有一處名勝景點：夫婦岩。兩塊靠近岸邊，浮出於海面上的岩石，一大一小，之間以粗麻繩牽繫住彼此，是相依相伴的夫婦象徵。

旅人來到夫婦岩，多半是爲了欣賞夫婦岩的日出。每年的春天到夏天，早上日升時刻，太陽便會從兩塊岩石中升起，成爲二見浦的壯麗奇景。夠幸運的話，天氣好的時候，甚至還能從夫婦岩這裡眺望到遠方的富士山。許多喜好攝影的旅人會特地在前一晚留宿於二見浦，爲的是能在翌日清晨搶拍夫婦岩日出的景象。

在夫婦岩旁有一座「二見興玉神社」，供奉的是猿田彥大神、宇迦御魂大神和綿津見大神龍宮社。神社裡主祭的是猿田彥大神，爲祈福的人們佑保著開運招福、闔家安全與交通安全。而宇迦御魂大神則是「稻之靈」的食糧之神，祝願人間的食衣盛產，不虞匱乏。

離開夫婦岩，我無意識地也再回首。眺望著海水拍打的夫婦岩，我不禁想著，夫婦岩之間爲什麼需要一條套索的麻繩呢？是姻緣的線、一種約束，或者羈絆？如果沒有了有形的牽繫，彼此是否也不會分離？那浪潮，千百年來不停拍打著夫婦岩，也許正是險惡的現實，對情感的種種試煉與考驗。

人平安回到家了，心是否也回來了呢？
女孩們在二見興玉神社祈求好運（右）

【青蛙的象徵】
日文中「蛙」的發音和「回程」相同，故有平安歸返到家（家庭）的象徵意義。

夫婦岩・二見興玉神社

add　三重県伊勢市二見町江575
access　JR二見浦站，下車徒步15分鐘
JR伊勢市站前搭乘「鳥羽」方向巴士約20分鐘在「夫婦岩東口」下車
web　http://www.amigo2.ne.jp/~oki-tama/

ISE 02

天之岩屋

天之岩屋（天の岩屋）

add 三重県伊勢市二見町江575
open 自由參拜
access JR二見浦站，下車徒步15分鐘；JR伊勢市站前搭乘「鳥羽」方向巴士，約20分鐘在「夫婦岩東口」下車
web http://www.amigo2.ne.jp/~oki-tama/

日本開天闢地的古神話

在前往夫婦岩的附近，入口處有另外一座名爲「天之岩屋」的神社。天之岩屋對日本人來說是不陌生的典故。因爲在日本開天闢地建立的古神話裡，天之岩屋是一處重要的故事場景。

日本神話裡有三個重要的神明，祂們出身於同一家庭，分別是掌管大海的素盞鳴尊、掌管月亮的月讀神和有太陽神之稱的天照大神。原本三人各司其職，但後來素盞鳴尊逐漸鬆懈己職，刻意挑釁天照大神，犯下許多惡行，最後天照大神被騷擾到憤怒得決定躲起來。這一躲，從此無人掌管太陽，世界一片漆黑。而天照大神躲起來的岩洞，就是「天之岩屋」。不過，因爲是神話，經過後人的詮釋總有許多版本和說法。因此，全日本稱作天之岩屋的地方也不只一個。二見浦夫婦岩旁的岩屋，便是相傳天照大神匿身處之一。

ISE
03

二見浦和亭朝日館

看夫婦岩日出最方便

二見浦的沿岸有許多旅館，歷史悠久的老旅店不在少數，朝日館便是其中一所。朝日館顧名思義，就是看夫婦岩日出最方便的旅館之一。從朝日館徒步到夫婦岩，大約不到八分鐘即可抵達。沿著二見浦海岸建築的朝日館，所有房間幾乎都能見到海景。在寬敞的和式房間裡，海景，就是房間裡最美的一幅畫。

朝日館有兩百八十年的悠久歷史，當年昭和天皇曾經在此下榻過「雲井之間」，因而聞名。雖然經過現代化的改建，但在現代化的室內設備中，仍保留不少歷史性的裝潢，處處都能在小地方發現時間的光輝。

在個室享用以海鮮和牛肉片涮涮鍋爲主的晚餐，當然是非常令人飽足的。不過，更令我驚艷的是早餐的用餐環境。在木造別館的宴會場享用早餐，氣氛加倍，讓精簡卻美味的早餐更加誘人了。特別推薦早餐裡自助式的烤魚，以及用龍蝦腳熬煮的味噌湯，讓一早就精神百倍，帶著幸福的滿足感，準備出發去伊勢神宮參拜吧！

朝日館

add　三重県伊勢市二見町茶屋228
access　JR二見浦站
web　http://www.asahikan.jp

二見浦

access　JR 伊勢市→（JR快速みえ）→JR二見浦

朝日館內部傳統木造建築；
在客房內享用海鮮與牛肉涮涮鍋（左上）；
早餐自助式烤魚（左下）

ISE 04

永恆，伊勢神宮

伊勢神宮

add 三重県伊勢市宇治館町 1

open 5：00～18：00（1月～4月&9月）
5：00～19：00（5月～8月）
5：00～17：00（10月～12月）

access JR伊勢市 → 站前巴士站，搭乘往「內宮」方向巴士，至伊勢神宮內宮，約15分

web http://www.isejingu.or.jp

二十年一次的再生儀式

在三重，有個地方號稱是日本人一生一定要來參拜一次的神宮。那裡彷彿象徵「日出國」日本的一種精神與信念。歷史、當下與未來，不可能重疊的時間，在這裡終於交會——伊勢神宮。

伊勢神宮的正式名稱是「神宮」，分內宮與外宮。外宮祭拜豐受大神，就是相傳掌管食糧、衣食與居家的產業之神；內宮祭拜天照大神，是日本的太陽神。伊勢神宮之所以重要，因爲天照大神乃日本皇室的祖先神，也是日本神明的最高層次，所有神祇的總氏神。供奉天照大神的神宮之所以坐落在三重伊勢，傳說是當年天皇派皇女去尋找最適合的地方，最後神明顯靈指示，伊勢地靈人傑、物產豐榮，是祂最想居住的地方。

伊勢神宮作爲保佑日本的精神象徵，已有兩千年的歷史。而最爲人津津樂道的特殊文化習俗，當屬伊勢神宮每二十年一次的「式年遷宮」儀式。每隔二十

伊勢神宮楓葉林與小溪流

年，就會將檜木手工打造的宮殿全部拆除，搬遷到現址附近的新基地上，重新打造一座一模一樣的宮殿。這樣的「式年遷宮」儀式從西元六九〇年開始，每二十年循環一次，已經進行了約一千三百多年。

初初聽聞這樣的作法，覺得不可思議。而不斷破壞能夠成爲文化古蹟的東西？不只是建築，連正殿裡供奉的御裝束、神寶等八百種到一千六百樣寶物，也會重新打造。究竟是爲什麼要這麼做呢？

當我聽取伊勢神宮專業導遊「伊勢觀光案內人」的解說後，終於明白這樣的儀式不是破壞，更不是徒勞。一千三百年來，每二十年一次的遷宮，象徵了一種「永恆」與「再生」的精神。正因爲這樣的傳統，被稱爲「唯一神明造」的神宮手工建築技法，以及打造寶物的精緻工藝技術，才得以在每一代的手中流傳下來。這不只展現日本深層的民族精神，也是全世界絕無僅有的文化。

爲什麼是二十年一次呢？說法眾多。其中一種說法，是古人認爲人的一生童年、青壯年到中老年，大約每二十年是一個階段。

爲了每二十年一次的遷宮，伊勢神宮四周種滿了高級檜木，以供給需求。正因爲必須使用大量的木材，日本人從過去就開始學著讓水土保持最佳狀態，在造林計畫中，種植出品質優良的檜木。

至於宮殿拆遷後的木材，會運往全國各地，讓需要木材的神宮或神社得以利用。一種信仰的行爲，其實暗喻著環保與新陳代謝的循環。

散步在伊勢神宮裡的我，不斷地想著，這世界變化得如此迅速，有多少東西是不斷被淘汰被忘記呢？歐洲的世界遺產，縱使留下了千百年前的石造遺址，但多半是殘缺不全的。在斷垣殘壁中尋找的永恆，其實只能從殘跡裡去憑弔、去想像。

伊勢神宮手水舍；拾階而上就是神宮正殿（右頁）

然而，唯有伊勢神宮的永恆是不老的。表面上看起來每二十年就會被翻新一次，永遠也無法成爲歷史古蹟，實質上的精神，卻凌駕了那些遺跡。你眞眞實實看見古老的技術，感受到職人的傳承，以及爲了維護跟固守一種信念的力量。伊勢神宮是歷史、是現在進行式，也是未來式。

眞正的永恆，不是海枯石爛。眞正的永恆，是不斷的新生。

伊勢神宮木造鳥居（上）；布滿青苔的傳統屋瓦（下）

雨中伊勢

除了供奉天照大神的內宮，我們也去了祭祀豐受大神的外宮。清晨落著細雨的伊勢神宮，意外地別有風情。雨將停而未停，遠方環繞的山嵐，緩緩簇擁起這塊神選之地。穿過鳥居，踏上橋梁，嗅聞到了空氣中淡淡的檜木香氣。沾著雨，遊蕩在充滿層次感的空氣裡。走在通往神殿的碎石子路上，聽著自己的步伐和雨滴的聲音交錯著，洗滌的心靈升起一股沉澱後的寧靜。

每一座神殿都拾階而上。於我而言，這是超越宗教的。感謝天地照顧之情，其實也會懂得感激身邊的因緣際會，珍重人與人的相逢。

晴天的神宮，天高地遠，視野遼闊，令人感受到一股帶著悠長歷史的存在感。而清晨下著雨的神宮，範圍凝聚，使人更專注於此時此刻的瞬間。雨中伊勢，人在神宮，聽覺細膩了起來，視覺也刷出細緻的解析度。

虎丸外觀

ISE
05

河崎虎丸居酒屋

伊勢的廚房

留宿在伊勢的這一晚，夜裡去了伊勢河崎町上的虎丸居酒屋。充滿歷史風情的河崎，自古以來便有「伊勢的廚房」之美譽，因爲這裡總有許多新鮮的漁獲，餐館總能烹飪出美味的創意料理。

虎丸開設在一幢已有一百二十年歷史的石屋裡。經過改造，大致保留了原先的建築風味，靈魂則換裝成居酒屋。店內特殊的室內裝潢，把日本居酒屋裡自在的氣氛，傳遞得相當徹底。

若不先預約，恐怕吃不到虎丸的美味。食材賣光後就停止營業的虎丸，對自家的魚料理特別自豪。有趣的是，菜單上甚至大剌剌地寫著：「不點魚料理的客人，我們不歡迎」這樣的字眼。想一想，靠近掌管食糧之神的伊勢神宮，這些餐館或許還眞有理由充滿自信。

有了一點生活歷練，懂得咀嚼出生命裡清淡的美，或許才能懂得伊勢的美。

晴天也好，雨天也好，大人味的伊勢，都有深刻的表情。

鹽烤魚料理；鮮煮魚料理（下）

虎丸

add　三重県伊勢市河崎 2-13-6
open　17：00 ～ 22：00
close　週四
（店長覺得魚貨不佳時會臨時公休）
access　JR伊勢市站
web　http://tabelog.com/mie/A2403/A240301/24000592/

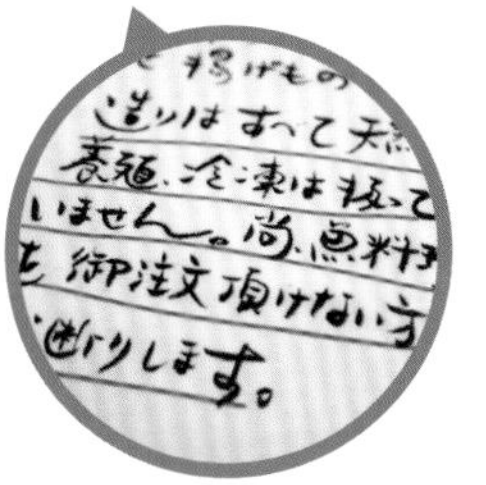

菜單上註明「不點魚料理的客人，我們不歡迎」

ISE
06

厄除町赤福

江戶風情的熱門甜點店

伊勢神宮外的「厄除町」是一處充滿江戶時代風情的商店街，聚集了許多老食堂和茶館，以及販售當地小吃和名產的商家。其中，又以「托福橫丁」最爲熱鬧，重現了從江戶時代到明治時代的氣氛。在仿古的建築中品嚐伊勢的著名美食，比如這天中午拜訪的「海老丸」，就讓人一飽伊勢海鮮的美味。此外，還可以欣賞神恩太鼓表演或參觀相關的文化歷史館。

清晨的厄除町和托福橫丁，商家才剛剛掛上門檐上的暖簾，一日營業，從現在開始。散步在人煙尚稀少的商店街裡，顯得悠閒自在，流淌的時間彷彿都放慢了腳步。

在厄除町有間和菓子老舖，是參拜伊

「赤福」外觀；
清晨店家掛上暖簾準備開始營業（左）

勢神宮的旅人必定會前來一嚐的熱門景點，那就是「赤福」。一七〇七年創業迄今，赤福已有三百多年歷史。所謂的赤福餅，其實是一種紅豆麻糬類的和菓子，但是特別的是它不是將紅豆餡包裹在麻糬裡，反而是的用紅豆泥去包嚼勁十足的白麻糬。

堅守甜味本分的紅豆泥，在感覺就快要過甜的剎那，又退回警戒線，是一種低調的甜。除了赤福餅，赤福還賣「善哉」，也就是我們所謂的濃紅豆湯。除了赤福本店，也可以在鄰近的五十鈴茶屋和式榻榻米空間裡優雅享用。

對伊勢的印象，是傳統而古老的。即使是商店街也如同托福橫丁那樣的復古。但事實上，外宮附近的街道上原來有不少時尚的新興咖啡館和小PUB，還有一些生活雜貨店。或者，利用老建築更新而成的餐廳，經營的都是當地的年輕人，很有潮流感。

「海老丸」豐盛的伊勢海鮮套餐

推

赤福販售的赤福餅；赤福販售的善哉；炸蝦丼飯（由左至右順時針）

赤福本店

add　三重県伊勢市宇治中之切町26
open　5：00～17：00
access　JR伊勢市 → 站前巴士站
搭乘往「內宮」方向巴士，至伊勢神宮內宮
web　http://www.akafuku.co.jp/index.html

五十鈴茶屋

add　三重県伊勢市宇治中之切町30
open　8：00～17：00
access　JR伊勢市 → 站前巴士站
搭乘往「內宮」方向巴士，至伊勢神宮內宮
web　http://www.isuzuchaya.com/

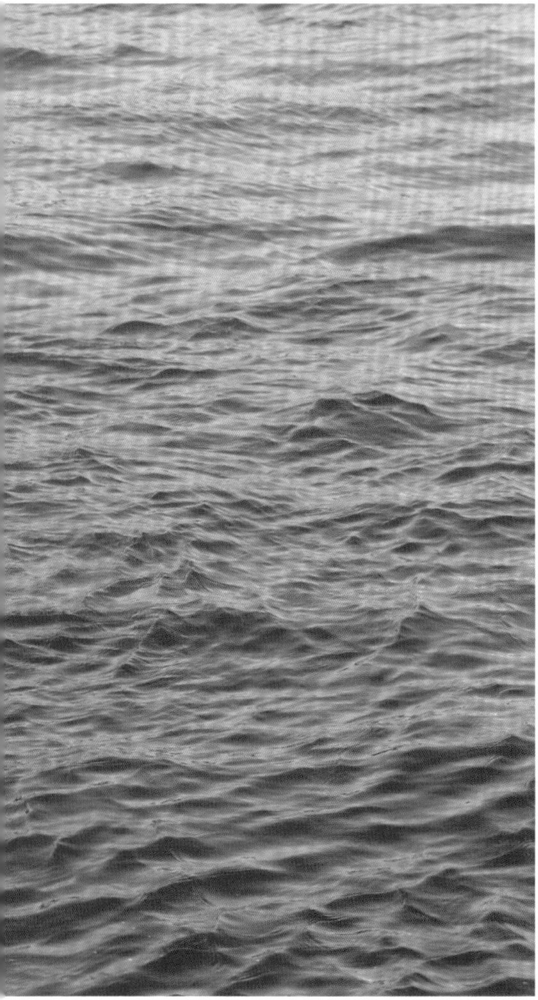

OOSATSU
MATSUSAKA

三重 相差・松阪

海女的故鄉

「笑臉迎人，說話爽朗，
是海女的共通特色。
在這裡吃上一餐，
不只營養滿分，
也受到她們的笑顏鼓舞，
精神抖擻了起來。」

交通資訊

① **電車**

▶行駛路線：

JR大阪 —JR大阪環狀線→ 鶴橋 —近鐵 阪伊乙特急→ 鳥羽

行駛時間　2小時13分鐘

② **巴士**

▶行駛路線：

鳥羽站前，從「鳥羽巴士中心」
搭乘「カモメバス国崎線」至「相差」站下車

行駛時間　2小時13分鐘

▶票券購買：

當地各車站

近鐵不可使用JR PASS

日本三重縣沿海地區，有一群以捕魚為生的女人，叫作「海女」。她們以古早流傳下來的特殊潛水捕魚技法，從年輕時就靠漁獲為生，即使年邁了以後仍不離海水。

這樣的海女在伊勢志摩地區聚集了約一千三百多人，背負起一家的經濟重擔。在家裡她們是人妻，也扮演著母親的角色；在海邊，每當她們拎著木籃從木船上投身進海水裡時，就化身為跟海搏鬥、與水共生的女強人。

OOSATSU MATSUSAKA 01

海女小屋

走進海女的世界

關於海女，從前就曾在旅遊節目裡看過，沒想到這次拜訪三重縣竟有機會親訪海女的故鄉，十分幸運。在鳥羽市內名爲「相差」的小町，海女仍過著捕魚女的生活。因爲特殊的文化，近來也吸引不少旅人造訪。

在「海女文化資料館」裡可以一窺海女的歷史，走進海女的世界，了解海女是如何穿著特殊的傳統白色服飾，利用特殊的捕魚道具，潛入海水悠遊自在地捕魚。說是潛水，海女們從古到今都是不佩戴氧氣筒的。一氣呵成遁進水裡，再度探出頭來時，竹籃裡已是滿滿的貝類魚蝦。

捕上岸的海鮮要怎麼處理呢？還用說嗎？當然是吃掉啦！如今在相差町，

海女小屋：相差 KAMADO（かまど）

add　三重県鳥羽市相差町1238
open　預約制（兩日前）
access　JR鳥羽站前，從「鳥羽巴士中心」搭乘「カモメバス国崎線」至「相差」站下車，約50分鐘
tel　059933-7453（日文）
web　http://www.toba.or.jp/amahut/template_05/cool_01/index.html

Sunrise Tour
http://www.jtb.co.jp/shop/itdw/info/e/index.asp

推

推薦料理

午餐（1小時30分鐘）
費用：一人約三五〇〇日圓起
成行最少人數：四人
料理內容包含：螺、蛤蠣、海貝、一夜干海膽飯、蟹腳麻糬味噌湯等當季海產
伊勢龍蝦或鮑魚可另外計算金額追加單點

簡餐（1小時）
時間：上午十點或下午三點
費用：一人約二〇〇〇日圓
成行最少人數：四人
料理內容包含：茶、麻糬、燒烤貝類等當季海產
伊勢龍蝦或鮑魚可另外計算金額追加單點

有幾間可以讓旅人體驗海女文化同時品嚐美味海鮮的「海女小屋」。一個人只要花約日幣三五〇〇圓，就可以到海邊的小木屋裡，品嚐海女阿姨親自爲你燒烤的新鮮海產。

騎著單車，在微涼卻陽光當好的中午，我來到一間位於岩壁旁的海女小屋。屋外望去就是一片遼闊的大海藍天，屋裡則是兩位上了年紀卻元氣飽滿、笑聲不斷的海女阿姨。笑臉迎人，說話爽朗，是海女的共通特色。在這裡吃上一餐，不只營養滿分，也受到她們的笑顏鼓舞，精神抖擻了起來。

由於相差海女小屋較爲偏遠，預約窗口暫時無提供個人自由行旅客的中英文服務，建議可以參加Sunrise Tour的小團體行程。這行程費用約日幣兩萬，從名古屋站出發，行程除海女小屋，還包含伊勢神宮和珍珠島。

碳烤剛捕獲的貝類；單車環遊「相差」小町；海女親自燒烤新鮮海產（右頁）

神明神社所供奉的慈母石神；
神明神社入口數個鳥居（右）

OOSATSU
MATSUSAKA
02

神明神社

最了女人心的慈母石神

海女的工作其實是相當危險且傷身的。既然是在大自然中討生活，也希望祈求老天爺的庇佑。一直以來，守護海女的就是相差町上，這座有「石神桑」暱稱的「神明神社」。

神明神社裡供奉的慈母石神，是海女的信仰支柱，日積月累，成爲最了解女人心事的神明。最了解女人的畢竟還是女人。漸漸的，保佑海女的慈母石神成爲了女性專程前來祈福的廟宇。相傳在這裡祈福的女性會特別受到眷顧，願望實現的比例也相對增加。

女人都在慈母石神前祈求什麼呢？愛情仍是大宗。最近有不少以「願望之旅」爲主題的女性遊客，到了三重縣除了參拜伊勢神宮，來海女小鎮和神明神社也成爲熱門景點。

神社前幾個女孩們上前祭拜，男孩們卻止步了，說：「這是專爲女人祈福的神明。」是嗎？然而，在我看來，在慈母石神的耳邊旋繞著的那些女人願望，藏在海風裡的聲音，男人更該聆聽。

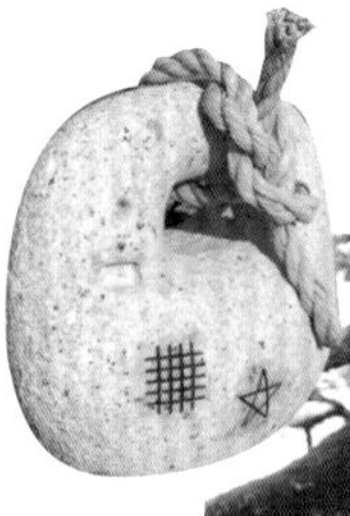

象徵海女的幸運符號石頭；
傳說摸了慈母石像前的大樹
可實現願望（右）

神明神社

add　三重県鳥羽市相差町 1237

access　鳥羽站搭乘「かもめ」巴士往國崎方面車程約35分鐘，在相差站下車步行約7分鐘即可抵達

web　http://www.toba.gr.jp/spot/5061/

鳥羽市

access　從伊勢站搭乘「近鐵山田線」至宇治山田站轉「近鐵鳥羽線」約15分鐘抵達

OOSATSU MATSUSAKA 03

松阪肉牛共進會

松阪牛選美大會

除了海鮮，最讓三重縣揚眉吐氣的，就是赫赫有名的「松阪牛」。一年一度的「松阪肉牛共進會」，其實就是松阪牛的選美大會。在這個活動中，會從預選出的五十頭入圍者當中，選出「松阪牛中的松阪牛」。每一頭牛都會站上舞台，讓專業的評審根據松阪牛的良好標準，判定出其價值。

過去最高的標價出現在二〇〇二年的優秀賞一席，價錢是五千萬日幣！是的，你沒看錯，一頭松阪牛竟然要五千萬日幣。折合台幣是一千八百萬台幣！

在松阪肉牛共進會的會場上，還提供現場烤肉場地。買了一旁販售的牛肉以後，就可以在這裡烤來吃。這種戶外集體烤肉的光景，在日本可是很少見的呢！大家都超級開心。

松阪肉牛共進會
準備參加選美的牛群

既然來到松阪牛的故鄉，若沒吃到松阪牛就回家，豈有臉見江東父老？於是特地來到松阪市內的「和田金」。和田金創業於百年前的明治年間，悠久的歷史，可想而知牛肉的品質跟老舖名聲一樣成正比。如今和田金自己擁有牧場，嚴選牛種，號稱整個牧場共有兩千頭牛，以自家的畜牧方式培育出品質優秀的松阪牛肉。

今次來和田金，品嚐的是一個人約日幣九二四〇圓的松阪牛壽喜燒。內容除了牛肉，還有壽喜燒應有的配菜，十分豐盛。滑嫩的牛肉沾上蛋汁，在咬下的剎那，外皮柔順的質感，帶著彈性深陷進深處，徹底感受到松阪牛極致的鮮美。肉質的底蘊，在滑過喉頭的瞬間，終於揮散出身爲牛肉最燦爛的光輝。

推

松阪牛壽喜燒配料；
松阪牛壽喜燒主餐（右）

松阪牛和田金

add 三重県松阪市中町1878
open 11：30～20：00
accese 從三重縣「津」市
搭乘「JR快速みえ」抵達「松阪」約49分鐘
web http://e-wadakin.co.jp/

TOBA

三重 鳥羽

走進水族館，感應心靈的回歸

「在水族箱前，
一個人靜靜看著水中生物的游動，
好像原本動蕩的生活也漸漸能
找到像魚在水裡流動的規律。
原來，水族館不只是
認識海洋世界的入口，
也隱藏著一枚將自己情緒歸零，
重新思索的按鈕。」

新幹線

▶行駛路線：

① JR大阪 —JR大阪環狀線→ 鶴橋 —近鐵 阪伊乙特急→ 鳥羽

行駛時間　2小時13分鐘

② JR伊勢站 —近鐵山田線→ 宇治山田站 —近鐵 鳥羽線→ 鳥羽

行駛時間　15分鐘

▶票券購買：

當地車站

近鐵不可使用JR PASS

我的朋友曾經告訴我，旅行的時候他很喜歡到水族館。問他為什麼，他回答：「你不覺得逛水族館，有治癒身心的效果嗎？」就算只是站在大大的水族箱面前，看著各種魚群游來游去的，也會覺得煩躁的身心安定了下來。這是他的結論。於是從那以後，原本對水族館不能說熱愛、但老實講也沒有特殊感情的我，忽然間，就對水族館這樣的地方產生了不可小覷的崇敬感。

TOBA
01

鳥羽水族館

難得一見的人魚

於是，當我踏進三重縣的鳥羽水族館時，也很難忘記我和朋友的這段對話。想想也是，我們住的這顆星球與其說是地球，不如說是水星。在太陽系裡唯一一顆擁有大量流動水分的星球上生活的我們，身體也是由水構成的。縱使我們離開了水，在陸地上生活著，其實潛意識裡仍不自覺想念著海洋嗎？所以，走在水族館裡，看見那些泅泳的魚，自己的身體彷彿也默默感應到了某種心靈的回歸。

占地廣大的鳥羽水族館自然也擁有這股神奇的力量。能夠在水族館裡獲得情緒沉澱的人們，必然會很欣喜來到這裡。這座水族館有十二個主題展區，從哪一個主題館開始逛起都有不同的趣味。其中，鳥羽水族館最爲自豪、人氣

指數也最高的，莫過於「人魚之海」的主題館了。只有在鳥羽水族館才能看到的「人魚」，是珍貴的海獸，正式的名稱是儒艮，是海牛目當中的一分類。

儒艮很可愛，笨重的身軀，在水裡游動起來卻很自在。可是這副又笨又胖的樣子，說起來實在不怎麼美，當初爲什麼會被誤認爲人魚，甚至得名爲美人魚呢？站在人魚水族箱前的我，實在很難想像。

海象親近觀眾的現場表演，是鳥羽水族館的另一個賣點。在訓練師的指示下，海象從水族箱裡跳躍而出，緩緩走向表演台，做出各種逗趣的表演。第一排的朋友總是提心弔膽，因爲身形巨大的海象要是一個轉彎，一個吐水，就有可能掃到大家！

在水族箱前，一個人靜靜看著水中生物的游動，好像原本動蕩的生活也漸漸能找到一種如魚在水裡流動的規律。

至於兩個人的時候呢？隔著水族箱，視線穿過水，在海底生物之間，對看到彼此的剎那，那似遠實近的距離，好像也似一則預言。

原來，水族館不只是認識海洋世界的入口，也隱藏著一枚將自己情緒歸零，重新思索的按鈕。

在訓練師的指示下做出各種趣味動作的海象；模擬日本河川深度與館方飼養的淡水魚種（右）；儒艮特寫（右頁）

鳥羽水族館

add　三重県鳥羽市鳥羽3-3-6
open　3月21日～10月31日 9：00～17：00
7月20日～8月31日 8：30～17：30
11月01日～3月20日 9：00～16：30
access　鳥羽站
web　http://www.aquarium.co.jp/hantai/index.html

TOBA
02

鳥羽灣與珍珠島之旅

MIKIMOTO的故鄉

離開鳥羽水族館，沿著灣岸就可以散步到當地的另一個景點，珍珠島。原來鳥羽是世界上最早的養殖珍珠生產地，也是知名的日本珍珠MIKIMOTO的故鄉。一八九三年，御本木幸吉在三重縣鳥羽創立了世界上第一個人工養殖珍珠的園地。在這座珍珠島上的博物館裡，館方人員會詳細地導覽，告訴你天然珍珠如何形成。也會透過各種模型和影片，展示人工養殖珍珠如何培育出珍珠。

在博物館當中，親手參與了判別珍珠價值的方法。根據光澤、珍珠母層的厚度、大小、形狀等因素，來決定到底是不是一顆優質好珍珠。而挑選珍珠，即使在這個高科技的時代裡，原來仍必須仰賴人工，憑藉專業眼光來篩選。經過加工以後，每一顆珍珠都被賦予了幸福感，在收藏的人心底閃爍著對自己有著特殊記憶的光。

在博物館園區裡，有個地方是只免費開放給外國人進場的休息區。若是日本人要進來，還要花錢呢。這地方除了可以休憩，最重要的是在一排窗戶前，可以欣賞到定時表演的海女作業實戰演出。

【珍珠】
珍珠其實是由一種叫作貝蛋白的蛋白質和多層碳酸鈣結晶所組成，至於特有的光澤則是從貝蛋白和有機物質當中的色素、折射照明的光線所形成的。

珍珠島

add　三重県鳥羽市鳥羽1-7-1
open　1月至3月、11月 8：30～17：00
4月至10月8：30 - 17：30／12月9：00～16：30
access　鳥羽站
web　http://www.mikimoto-pearl-museum.co.jp/

海女實際作業景象；高處鳥瞰鳥羽灣（上）

鳥羽海濱溫泉酒店大廳；新鮮魚頭及生魚片（左上）；三重縣時令食材日式套餐（左下）

TOBA 03

鳥羽海濱溫泉酒店

壯闊海景與溫泉巡禮

靠近鳥羽水族館附近的「鳥羽海濱溫泉酒店」是這次選擇住宿的地方。飯店距離鳥羽車站和附近的觀光景點都不遠，要去伊勢神宮也很方便。鳥羽海濱溫泉酒店建於鳥羽灣，自然得以從飯店裡一覽遼闊的海灣景色。飯店共分成三大館，汀館、望館和岬館，總客房達二一一間。每一棟大樓都設有溫泉，分別是汀湯（汀館）、風見湯（望館）和岬湯（岬館）。其中，望館還有提供租借的私人（家族）湯屋。

個室裡的晚餐，依照著三重縣當季的新鮮食材，烹調出色香味俱全的日本料理。從餐前酒、前菜、各種配菜、主食、鍋、湯與甜品等，一桌秉持日本料理標準菜色的豐盛晚宴。

飯店的大廚，特別在席間跟我打了招呼。大廚對創作很有興趣，問了不少我關於寫小說的問題。其實廚師也是一門高超的創作，尤其日本料理不只要顧到食物的口感，還要在顏色搭配與食材擺盤上下功夫，是口感與視覺的雙效合一。第二天的早餐，則是前往餐廳享用歐式自助餐。所幸早餐也不令人失望，選擇多樣的美食，搭配窗外海景，一天的旅行，就從此刻振奮了起來。

鳥羽海濱溫泉酒店

add 三重県鳥羽市安樂島町1084

web http://www.tobaseasidehotel.co.jp/

鳥羽灣渡輪游船（鳥羽渡船口）

add 三重県鳥羽市鳥羽1-2383-51

web http://www.shima-marineleisure.com/

三重縣時令食材海鮮拼盤

NABARI
IGA

三重
名張・伊賀

溪谷森林，影子傳說

交通資訊

電車

▶行駛路線：

① JR大阪 —JR大阪環狀線→ 鶴橋 —近鐵 阪伊乙特急→ 名張

行駛時間　1小時9分鐘

② 近鐵名古屋 —近鐵 名伊乙特急→ 伊勢中川 —近鉄 阪伊乙 特急→ 名張

行駛時間　1小時54分鐘

▶票券購買：

當地車站

近鐵不可使用JR PASS

離開伊勢往西邊走，會進入三重縣的名張市。這裡有個叫作「赤目四十八瀑布」的地方。作為在關西旅途的期間，抽出兩天一夜前往名張市的赤目，在距離上是很棒的安排。名張市不只有山林溪谷和瀑布，也有天然溫泉，恰恰適合這樣的安排。

走進通往瀑布的小徑，深刻感受到三重真是個得天獨厚的世外桃源。是一趟在自然景觀的溪谷之間，森林浴的散步。

NABARI
IGA
01

赤目四十八瀑布

來趟森林浴旅程

赤目四十八瀑布顧名思義，就是整條約長達四公里的山溪，共圍繞著四十八個瀑布。全部走完最快大約需要一個小時半，是一趟充滿豐盛自然景觀的森林浴旅程。在散步路線裡呼吸著清新的空氣，沐浴在涼爽的氣溫，耳邊旋繞著溪水嘩啦啦的聲音，讓過度深陷都會生活中的我們有了一次換氣的機會。

走進赤目四十八瀑布之前，有不少溫泉旅館，其中最値得推薦的是「對泉閣」溫泉旅館。我相當推薦這裡的豐盛午餐，午餐中以當地名產「牛汁」爲特徵。牛汁是使用和風醬油調味三重伊賀牛，再加入蔥花、洋蔥、海帶、生薑等季節蔬菜熬煮而成，清爽可口，十分地下飯。

赤目四十八瀑布最特別之處，在於溪水跟山徑的曲折，讓人得以從不同的高度和角度去觀賞瀑布。每一座瀑布從迥異的角度去觀看時，感受也不同；眼光不同，感受也起了變化。

在瀑布散步步道跟博物館的入口之前，有一條不長卻充滿特色的小商店街。這裡聚集了幾家商店，賣的全是當地的特色名產。例如第一家的上田屋，賣的是手工製作的赤目瀧草餅。類似草餅的質感，裡面包著紅豆餡，老先生五十年來每天都能捏出上百個草餅來，早已等同赤目四十八瀑布的玄關，是每位旅人上路前不忘一嚐的美味。還有一家賣「忍者漢堡」的店家，是去年新研發出來的產品。用上好的三重牛肉與豬肉混合製成，充滿彈牙的口感，是路上的充飢良伴。

推 「對泉閣」溫泉旅館餐點；「牛汁」的豐盛午餐（右）

走到底，有間由高齡八十二歲的老婆婆經營的「忍者福笑門」亦是赤目名物。這裡賣的是一共有七種不同口味的人形饅，造型幾乎就是店主老婆婆的模樣。老婆婆精神爽朗，笑聲洪亮，熱情好客，怎麼看也不像已有八十二歲了。

離開前，老婆婆堅持要送我一盒七種口味的人形燒。正當我心底佩服著「老婆婆眞厲害啊」，一整盤外觀看起來都一樣的人形燒，果然只有職人才能輕易分辨。沒想到，老婆婆就抬起頭來，尷尬地對著我笑：「我忘記哪一個是哪一種口味了，怎麼辨？」哈哈哈！老婆婆眞的好可愛。沒關係啦，只要是婆婆做的，哪一種口味都好吃喲！

忍者福笑門店主，充滿元氣的老婆婆

踏入赤目四十八瀑布以前，我一直以爲是第一次來到。但當我見到瀑布的剎那，忽然想起，其實早在多年前就與這裡有過第一次的照面。

二〇〇四年台北金馬影展，我看了一部日本電影，就是以赤目四十八瀑布作爲故事拍攝背景的。這部改編自作家車谷長吉的直木賞得獎小說《赤目四十八瀑布殉情未遂》的同名電影，原著小說在得獎當時由於聳動禁忌的內容，在日本掀起了一陣子的話題，不過對台灣人來說，故事的呈現手法相當壓抑，因此電影和小說都有些冷門。從來沒有刻意計畫要前往這個拍攝地點，怎麼會想到有一天竟然會親身探訪呢？

人生的每一個小接點，大約都是這樣。當時你以爲不再會有關係了，可是有一天你才會發現，什麼小事情都有了連結與後續。這種不可知的重逢，想來就覺得有趣。

赤目四十八瀑布（赤目四十八瀧）

add 三重県名張市赤目町長坂861-1

web http://www.akame48taki.com/

赤目對泉閣溫泉旅館

add 三重県名張市赤目町長坂682

web http://www.akameonsen.com/

推

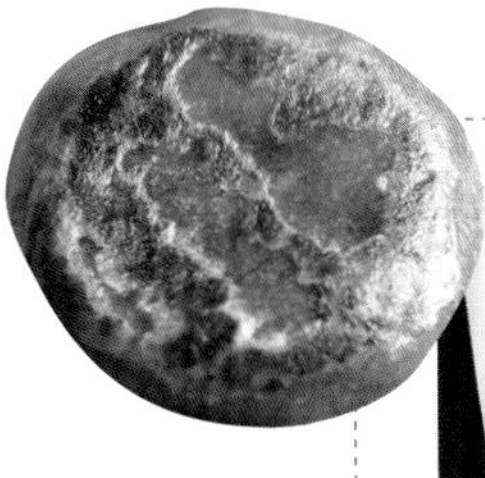

赤目瀧草餅（左上）；忍者漢堡宣傳海報；忍者福笑門人形燒

NABARI IGA 02

伊賀流忍者博物館

忍者的祕密基地

三重縣伊賀市是忍者的故鄉，想要更認識忍者的祕密，甚至體驗忍術的厲害，就往伊賀出發吧！忍者有眾多派別，三重縣伊賀市的忍者被稱作「伊賀流」忍者，和他們齊名的則是在滋賀縣甲賀市的「甲賀流」忍者，堪稱兩大忍者派別。

搭乘由漫畫家松本零士操刀打造而成的忍者列車，從伊賀神戶站轉車到伊賀上野，這裡就是忍者的祕密基地。伊賀上野有一座忍者博物館，鉅細靡遺地展示了忍者的相關事物、來龍去脈和神祕忍術，可說是忍者的正宗殿堂，也是完全破解忍者機關的地方。

忍者的精神是以守代攻，主要以情報蒐集爲行動目的，非必要時不出手，有點類似間諜的性質。因此，在忍者的住宅裡就可以看到屋子裡藏著很多機關，萬一有敵方闖入，可讓忍者輕易藏進不被發現的地方，同時還能偷看、偷聽敵

伊賀流忍者博物館

add　三重県伊賀市上野丸之内117
open　9：00～17：00
close　12月29至01月01日
（每月份另有公休日，詳見官方網站）
access　名張→（近鐵大阪線．伊勢中川行）→伊賀神戶
→（伊賀鐵道伊賀線）→上野市
web　http://www.iganinja.jp

不同造型的忍者飛鏢

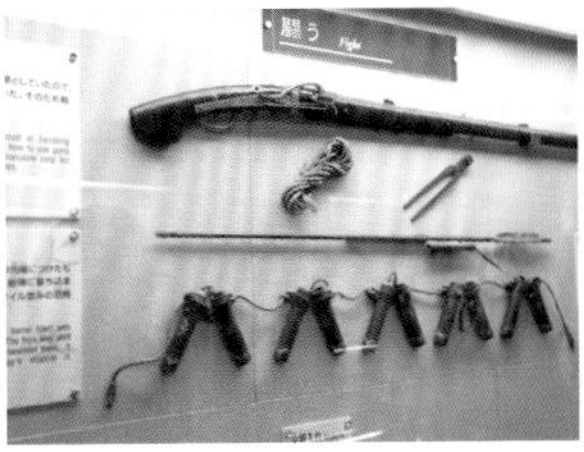

忍者使用的相關道具

忍者體驗廣場現場演出忍者絕技；忍者布偶攀爬在月台梁柱上（下）；漫畫家松本零士打造的忍者列車（右頁）

方狀況。不得不還擊時，屋裡有許多角落都可以變出武器來。例如在不曉得哪一片地板之下，用力一踩，木板翻轉起來，下面就藏著鋒利的大刀。

忍者體驗館和忍者傳承館則展示著忍者的相關文物。伊賀忍者跟其他忍者派別最的不同，在於伊賀派忍者擅長火藥的製造。此外，這裡還陳列著約四百件以上的飛鏢道具。傳承館更以科學的方式解說忍者器具，藉此了解忍者是如何發揮生活的小智慧。

最後也是最吸引外國觀光客的重點，就是有趣的忍術體驗廣場了。由眞正訓練過忍術的忍者家族，在廣場上爲大家表演忍者工夫。看著忍者身手矯健的跳躍，眞刀實彈的對決，似乎每個男孩幼年的夢想在煙霧裡又緩緩重現。要是眞的有忍者的輕功能力該有多好呢？

NACHI KATSU
和歌山 那智勝浦

熊野古道山林之旅

「遠離嘈雜都會，
在境內肅穆的氣氛中，
彷彿更靠近了那一個，
不武裝的自己。」

電車

▶行駛路線：

① 往和歌山

大阪 —JR大阪環狀線→ 天王寺 —JR阪和線快速→ 和歌山

行駛時間　1小時27分鐘

② 往那智

和歌山 —JR特急 くろしお→ 紀伊田 —JR紀勢本線 新宮行→ 那智

行駛時間　4小時16分鐘

▶票券購買：

JR PASS（外國觀光客可利用）

詳細購買、價格與使用方式，請參考官方網站
http：//www.japanrailpass.net/zh/zh001.html

和歌山的那智勝浦，通常和串本、太地、新宮等地方畫為同一旅遊區。來到這裡，就來到了日本本州地區的最南端了。日本人皆知的世界遺產「熊野古道」的入口處之一，正是位於和歌山的那智。

既然為古道，可想而知，那智的風景就是和歌山的寶藏。被太平洋環擁的這一帶，漁產豐富，同時也以鮪魚和鯨魚聞名；而豐富的溫泉地，更造就了那智勝浦的觀光休閒事業。

NACHI KATSU 01

熊野古道

帶著便當上山去

有日本第一瀑布聖地之稱的「那智瀑布」，是以大門坂作爲起點。而從大門坂開始到那智瀑布的這段石階路，就是步行熊野古道的一段行程。

什麼是「熊野古道」呢？簡單來說，熊野古道其實是一條從古到今的寺廟參拜路線。這條路上串起了「熊野三山」（熊野本宮大社、熊野速玉大社、熊野那智大社三大神社總稱），因此對日本人來說，舉頭望見的草木，皆擁有崇高的宗教意義。從古代到中世紀，無論是退位的天皇家族或普通老百姓，都會沿著這條山路去熊野參拜，彷彿沐浴在天然環境裡，也同時能獲得神靈的庇佑。

在熊野古道眾多的參拜路程之中，以「中邊路」路線最爲熱門。其實現代日本人對於宗教的信仰薄弱了，但穿梭在百年參天古樹之間，依然吸引著嚮往健康森林浴和文化洗禮的人特地前來，人潮絡繹不絕。

大門坂是那智山靈場的入口，而真正石坂階梯路的起點，則以八百年樹齡的「夫婦杉」迎接朝聖者。在整條石坂階梯構成的山路兩側，幾乎都是杉木林。一路爬著山路確實會累，但走在參天的大樹下，空氣非常清新，吹來的風也意外涼爽，即使疲憊也感覺舒暢。

過去在這條熊野古道上朝聖的人，都會穿起當地一種特殊的平安衣裝，如今，大門坂附近也有專門出租服裝的店家「大門坂茶屋」，滿足觀光客的體驗。另外，喜歡蓋紀念章的人也一定能在古道上找到樂趣。一路上，在定點都設有戳印紀念章的據點。紀念章被收納在專用的木屋裡，要打開小門，才能看見印章，相當可愛。

熊野古道的山路比想像中來得好走，經過整理的步道算是十分平緩，並不特別讓人覺得是在爬山。沿途所見，在不同的轉角所迸現的迴異視野，時而壓迫，時而遼闊。

帶了便當上山，中午時分就在古道上的休息站裡享用。便當購自和歌山川湯溫泉的大村屋民宿，用傳統的竹條編出簡易的便當盒，將飯糰跟小菜裝在裡面，風情獨具。

推

把和歌山大村屋民宿的飯糰便當帶上吃

熊野古道

add 若採「中邊路」路線，請由JR那智站下車入山。亦有其他路線入山方式，請參照官網。

web http://www.wakayama-kanko.or.jp/worldheritage/kumanokodo-course/

熊野那智大社

add　和歌山県東牟婁郡
那智勝浦町那智山1
open　自由參拜（正式參拜8：00～15:30）
access　搭乘往新宮方向
「特急オーシャンアロー号、スーパーくろしお号」
從京都出發約3小時50分鐘
從新大阪站出發約3小時20分鐘
到紀伊勝浦站下車
轉乘熊野交通巴士約30分鐘可抵達
web　http://www.kumanonachitaisha.or.jp

NACHI KATSU 02

熊野那智大社

作爲信仰中心的源頭，熊野大智神社直到今天，仍有絡繹不絕的人前來朝聖。當然，撇開信仰不談，喜好登山、崇尚自然風光或者對歷史文化有興趣的旅人，也不在少數。一般人來到這裡，通常就是在正殿前參拜，不過這次有幸在安排下，走進並不開放給觀光客的神社裡，更感受到洗滌心靈的肅穆氣氛。

熊野大智神社供奉的吉祥象徵是烏鴉，仔細看矗立在神社前的一尊烏鴉雕塑，可不是普通的烏鴉！這隻名爲「八咫烏」的神鳥，是有三隻腳的。而該社販售的御守自然也以此爲發想。

日本第一落差瀑布

從那智大社可遠觀和歌山知名的那智瀑布。一三三公尺落差的那智瀑布，有「日本第一落差瀑布」的名號。那智瀑布是當地飛瀧神社的正體，因此在瀑布下有一座神社，引瀑布的水，匯成一處可讓人飲用的「延命長壽泉水」，據說喝了，就能延年益壽，看起來更年輕。

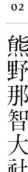

NACHI KATSU
03

熊野本宮大社

罕見的熊野造建築

熊野本宮大社建於一八八九年，從踏進大門開始，就能感受到莊嚴的氣勢。姑且不論宗教意義，欣賞寺院的建築形式也是樂趣之一。大社的建築設計被稱爲「熊野造」，是日本少見的建築形式。色彩視覺上保留了當年受到中國唐朝建築的影響，呈現出一片簡潔且素雅的景致。

熊野本宮大社的吉祥物，是一隻有三隻腳的烏鴉「八咫烏」。大社裡販售的御守或紀念品，不少均是以這隻象徵神力的烏鴉爲主角，就連境內的郵筒也特別配合做成了黑色，上面站著振翅飛翔的「八咫烏」，非常特別。

推 八咫烏玩偶

熊野本宮大社

add　和歌山県田辺市本宮町本宮
open　9：00～17：00
access　JR紀伊田辺站→（紀伊龍神巴士）→熊野本宮大社／JR新宮站→熊野交通巴士或奈良交通巴士→熊野本宮大社
web　http://www.hongutaisha.jp

【八咫烏】
日本神話中神武東征時，受高皇產靈神和天照大神之命，爲神武天皇帶路的烏鴉。被視爲太陽的化身，特色是有三隻腳。

熊野本宮大社正門；八咫烏郵筒（上圖左）；熊野本宮大社入口（上圖右）

NACHI KATSU 04

大齋原

日本最大鳥居

其實熊野本宮大社最初的地點，並不是現在的位置。一八八九年以前，熊野本宮大社的原址是在熊野川、音無川、岩田川匯合處的中洲「大齋原」上，因爲十九世紀末遭受了一場大洪水的破壞，才決定改建到現在地勢較高的地方。

目前大齋原幾乎只剩下一片空地，只有在過去建築基地之處，設有象徵性的祭祀據點。較有看頭的地方，是在進大齋原之前的巨大鳥居。「大齋原鳥居」約有三三．九公尺高，是日本現存最大的鳥居。

大齋原

add 和歌山県田辺市本宮町本宮100-1
open 自由參拜
access JR紀伊田辺站→（紀伊龍神巴士）→熊野本宮大社／JR新宮站→熊野交通巴士或奈良交通巴士→熊野本宮大社
web http://www.hongu.jp/kumanokodo/hongu-taisya/ooyunohara/

NACHI KATSU 05

熊野速玉大社

熊野速玉大社

add　和歌山県新宮市新宮1番地
open　自由參拜
access　JR きのくに線或JR紀勢線 → 新宮站，徒步15分鐘
或從新宮站搭巴士到「權現前」站下車
web　http://kumanohayatama.jp/

日本第一大靈驗所

和歌山境內最重要的三座神社，除了熊野本宮大社、熊野那智大社，還有同時並列爲「熊野三山」的熊野速玉大社。

社殿的建築風格相當簡潔，以朱紅色的梁柱爲主色，據說是受到當年大唐長安建築風格的影響。仔細看著建築的一景一物，確實感受到跟其他神社的不同，混合著日本和風跟大唐佛家的色彩，呈現出獨有的風情。

來到速玉大社時是清晨，我們受邀走進殿內，接受洗滌身心的祈福儀式。在這間素有「日本第一大靈驗所」美譽的大社，我其實在乎的並非靈驗與否，而是境內肅穆的氣氛讓思緒沉澱下來了。遠離嘈雜都會，在境內肅穆的氣氛中，彷彿更靠近了那一個，不武裝的自己。

推

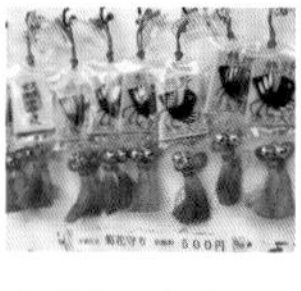

交通安全御守

神倉神社

add 和歌山県新宮市神倉1-13-8
open 自由參拜
access JR新宮站徒步15分鐘
web http://www.shinguu.jp/tc/spots/detail/A0002

NACHI KATSU 06

神倉神社

五百階陡坡石階

神倉神社建在一塊山頂的巨石旁，傳說那塊巨岩有熊野的神明降臨並加持。走到參拜的社殿之前，必須先經過一段長達五百階以上的陡坡石階，彷彿暗示著不經一番寒徹骨，哪得梅花撲鼻香的意義。

這裡我不是第一次來了，當然兩次到訪，都得爬著又多又陡的石階走到山頂。不過，沿途都能欣賞到愉悅的風景，而且邊走邊和同行朋友聊天，並不覺得辛苦。

在石階上總能看到不少年長者。他們爬行的速度比我還快，可見身體之好，恐怕我都還比不上。住在附近的居民每天都會來爬山，到了山頂的神倉神社再下來，一天來回好幾次的也大有人在。說是參拜神社，其實也運動到了。身體變得健康，是神明的保佑，也是運動的成效。

NACHI KATSU 07

和歌山仙人風呂・川湯溫泉

古道周圍的祕湯

和歌山的特色之一是溫泉。由豐富的地形特質所發展出來的觀光區域各具特色，唯有到和歌山才能體驗的日本溫泉亦不在少數。例如位於田邊市本宮町的仙人露天野湯、川湯溫泉和湯之峰溫泉鄉，就是名聞遐邇的溫泉名湯與祕湯聚集的寶地。喜歡到日本泡湯的人，絕對不能錯過這一帶。

和歌山的川湯溫泉最大的特色，是一片以溪流為泉源的溫泉野湯。看似與一般無異的溪水，其實只要拿起剷子，往淺淺的河床挖一挖，就會神奇地冒出溫熱的溫泉水來，是非常特殊的趣味體驗。可別小看這從細碎石子裡冒出來的溫泉，這可是貨真價實的熱泉。一不小心，很可能還會被燙到喔。所以，必須搭配一旁清澈涼爽的溪水，來中和一下水溫才行。

川湯溫泉的泡法分夏天和冬天。夏天時，大家會用鏟子在清涼的溪水河床上，鏟出熱泉水來，然後用碎石子圍成露天溫泉池。冬天時則會由周邊的旅館同業，共同挖掘出一個大露天池，大家穿著泳褲、泳衣就可以直接享受泡野湯的樂趣了。不知道大家有過泡野湯嗎？這應該是我的第一次！而且還是從溪水中掘出的溫泉，那更是新見識了。

寒冷的冬日，身體浸在仙人風呂的溫泉中，視野中從遠到近盡是青蔥群山，讓人倍感心曠神怡。如此貼近大自然的露天野湯，那遼闊的景色是再高級的溫泉飯店也製造不出來的。

去熊野古道健行時，帶到山裡休息站享用的美味御飯糰便當，就是由川湯溫泉鄉的大村屋溫泉民宿手工製作的。除了便當外賣，大村屋也提供食宿。

川湯溫泉夏季露天溫泉池

推

大村屋溫泉套餐料理。一泊二食，一個人的價格約在日幣九〇〇〇至九五〇〇圓之間。

川湯溫泉

add　和歌山県田辺市本宮町川湯溫泉

accese　紀伊田辺站 →（龍神巴士，往本宮大社前方向）→ 川湯溫泉

web　http://www.hongu.jp/onsen/kawayu/

溫泉蛋烹煮區

NACHI KATSU 08

湯之峰溫泉

一起來煮溫泉蛋吧！

距離川湯溫泉鄉不遠，同樣也是在田邊市本宮的溫泉名湯，還有一處名爲「湯之峰溫泉」的地方。比起川湯溫泉，湯之峰的溫泉旅館更爲密集。溫泉溪水兩側盡是旅館，又以民宿旅店居多。

雖然規模上無法與草津或銀山這類知名溫泉鄉相比，但此地更有本土風情。外國觀光客不多，因此也少了千篇一律的土產紀念品店。取而代之的，是沒有過度商業渲染的，眞眞切切的心靈休憩場域。

我特別喜歡這種傳統且極具日本風情的溫泉鄉。古色古香的木造民宿旅店，瀕著溫泉溪水的兩旁而建，彼此之間，偶有架起的石橋聯絡溪水兩側。時而左側、時而右側的鄉間散步，差點以爲自己是在拍《來去鄉下住一晚》，等等就要敲門問民家今晚能否借宿一晚了呢。

湯之峰溫泉鄉裡有一處煮溫泉蛋的地方。小時候去台北的新北投溫泉時，記得也有煮溫泉蛋的據點，所以在湯之峰看見時，整個覺得非常懷舊。在正方形的池子周圍有鉤子可以把一袋溫泉蛋掛著，浸在高達九十二度的泉水裡，不一會兒就煮熟了。

從熱氣氤氳的池子裡取出溫泉蛋，在與北投溫泉相仿的硫磺氣味裡吃將起來，好像又回到了爸媽帶著還是小男孩的我，踏進北投溫泉鄉遊玩的那一天。

湯之峰溫泉

add 和歌山県田辺市本宮町湯峯
access 紀伊田辺站 →（龍神巴士，往本宮大社前方向）→下湯の峰
web http://www.hongu.jp/onsen/yunomine/

NACHI KATSU 09

世界遺產祕湯「壺湯」

一次只能一人份

湯之峰溫泉有公共浴場，除了在自己投宿的民宿裡泡湯，也可以到公共浴場泡湯。而就在公共浴場旁，有個列爲世界遺產的祕湯名爲「壺湯」（つぼ湯）。壺湯的特殊之處，在於利用天然岩地形所打造出來的小湯屋，溫泉池眞的就像是小茶壺，一次只能容納一到兩人。

壺湯的所在位置也相當特殊，幾乎是建在溪水中央，等於是在溪水中將這個溫泉小池特別圍起來，建出一個小湯屋那樣。在這個小小空間裡獨享溫泉，有很不可思議的感受。

自從列爲世界遺產以後，來訪的日本人也變多了。每次一組人限時二十分鐘，要先到公共浴場的售票處付款，再到壺湯門外排隊依序等候。週末排隊人潮較多，建議最好是平日來較佳。

無論是仙人風呂所在的川湯溫泉，抑或是壺湯所在的湯之峰溫泉鄉，都展現出日本溫泉大國的多樣性。想避開觀光客過多的溫泉觀光景點，探訪鄉間的名湯與祕湯，記得將和歌山田邊市的本宮町列進下一回散心時的口袋名單。

湯之峰「壺湯」

add 和歌山県田辺市本宮町湯峰110
open 6：00～21：30
access JR紀勢本線新宮站 → 熊野交通巴士往「湯の峰温泉」方向 車程約1小時15分鐘
web http://www.hongu.jp/onsen/yunomine/tuboyu/

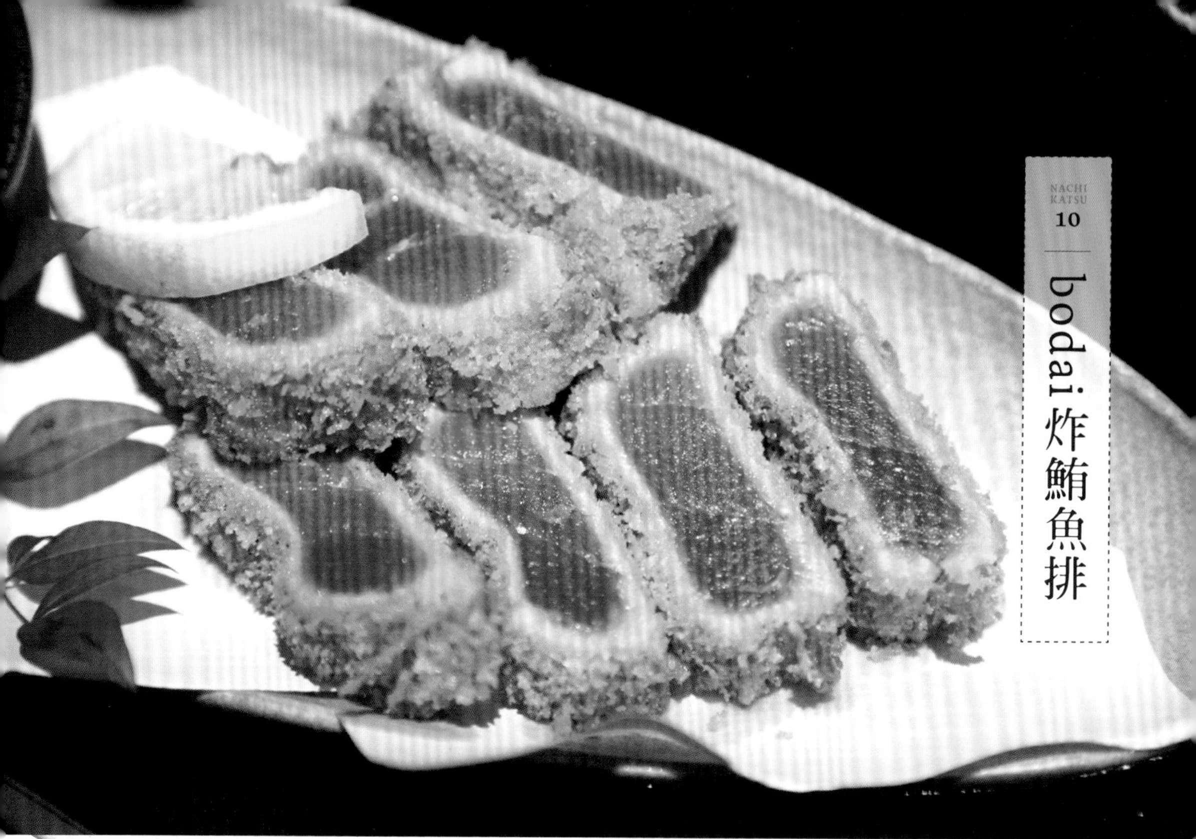

NACHI KATSU 10

bodai炸鮪魚排

魚皮料理；
炸鮪魚排料理（上）

bodai

add 和歌山県東牟婁郡那智勝浦町築地 5-1-3
open 11：00～13：30／17：00～22：30
close 每週二
access 紀伊勝浦車站前
web http://r.gnavi.co.jp/c273200/

那智勝浦鮪魚美食

那智勝浦是日本捕獲鮪魚的重要港口之一，因此，來到這裡尋找以生鮮鮪魚作爲食材的餐廳，好好吃一頓，當然是不可錯過的行程。位於紀伊勝浦車站前的bodai是很特別的一間餐廳，有別於多數吃鮪魚的店家，都是類似居酒屋的形式，bodai的內裝像是一間咖啡館，而事實上這裡販賣的餐點也充滿了年輕又新鮮的創意。

比如，我從未吃過的炸鮪魚排，就令人驚艷萬分。所謂的鮪魚排，可不是把整個魚片拿來炸熟，而是只有在表皮炸出一層如同炸豬排般的酥鬆麵皮，但是在表皮之下的鮪魚肉，仍保持著生魚片的狀態，所以你既能吃到炸物的口感，又能享用到生魚片的美味。這道炸鮪魚定食（トロカツ定食）也是該店人氣第一名的餐點。

NANKIKATSUURA
TAIJI

和歌山
南紀勝浦
太地

交通資訊

電車

▶**行駛路線：**

①往和歌山：

大阪 —JR大阪環狀線→ 天王寺 —JR阪和線快速→ 和歌山

行駛時間　1小時27分鐘

②往紀伊勝浦

和歌山 —JR特急くろしお→ 紀伊勝浦

行駛時間　2小時40分鐘

▶**票券購買：**

JR PASS（外國觀光客可利用）

詳細購買、價格與使用方式，請參考官方網站
http：//www.japanrailpass.net/zh/zh001.html

鯨豚路過溫泉灣

「好想要養一隻海豚喔！
實現不了的我，
最多也只能摸一摸了。
只是海豚摸起來很硬，
忽然覺得看起來溫馴的海豚們，
原來個個都是硬漢！」

和歌山的南紀勝浦溫泉，美在大自然海天一色的景致，大海與小島，交織成一片美麗風情。更特別的是，許多知名的溫泉飯店，都坐落在這些半島或小島之上。

於是，去住宿飯店時，就得先從碼頭搭著小渡輪，才能抵達島上的飯店。比如號稱全日本最大的溫泉渡假飯店「浦島飯店」，就幾乎是沿著半島的地形，蓋出一棟棟的客房，同時又利用島上天然的地形，將各種泉質的溫泉導入飯店的設施之中。

KATSUURA TAIJI
01

浦島飯店

特別推薦！天然洞窟外湯

浦島飯店蓋在南紀勝浦海邊一條狹長的山丘半島上，是關西規模最大的溫泉渡假飯店。從一九五六年開業以來，不斷增建客房，迄今已經成爲擁有高達八百多間客房、至少能容納三千五百人同時住宿的大飯店。除了本館，還分成渚館、日升館、山上館等大樓。

其中，山上館位於海拔八十公尺的山頂上，可搭乘連接本館的Space Walker手扶梯才能抵達。這條長達一五四公尺的室內登山電梯，從起點開始，共要花五分四十五秒才能抵達終點。館方人員陪我們搭乘電梯時，特別提到印象最深刻的事情，就是看見台灣人在搭電梯時，喜歡拿著相機對兩側的鏡子自拍。每個人都很開心，讓他們覺得台灣人很可愛。館方的人從來沒想到，電扶梯兩側的鏡子，原來也有娛樂的效果呢。

飯店共有七座溫泉，包括忘歸洞、瀧之湯、玄武洞、磯之湯、遙峰之湯、渚湯和天海之湯。每一座規模不同的溫泉，都有不一樣的泉質。住在浦島飯店，最大的娛樂就是溫泉巡禮！去嚐試每一座溫泉的感覺有何不同。

其中，最值得推薦的是忘歸洞。忘歸洞是浦島飯店裡最特殊的溫泉，沿著天然洞窟建成，擁有能夠望見太平洋日升月落的絕佳景色。其次是玄武洞，也是利用天然洞窟建成的溫泉，景色略遜忘歸洞一籌，但泉質卻比忘歸洞更佳。

從山上館散步，可以通到一個名爲狼煙山的庭園。如果要論浦島飯店所在半島上的最佳觀海地點，一定要走到這裡。在庭院內有一座稻荷神社，附近的展望台可以看見三六〇度環海全景。同行的日本前輩說，他曾經去過南非的好望角，竟覺得與這裡的景致很神似。

酷似南非好望角的景致：
浦島稻荷神社（右）

浦島飯店（ホテル浦島）

add 和歌山県東牟婁郡那智勝浦町勝浦1165-2
access JR紀伊勝浦站步行約5分鐘
web http://www.hotelurashima.co.jp/

©hotelurashima

KATSUURA TAIJI
02

環遊紀松島

絕美的海天景色

在和歌山的南紀勝浦溫泉，也就是浦島飯店所在地的港口周邊，有幾座小島散布在不遠的海上，形成一片絕美的海天景色。其中有幾個相較之下較大的島嶼，泛稱爲紀松島。遊客可以搭乘特別的遊覽船，穿梭在紀松島之間，感受海上風情。

紀松島周圍大大小小的島嶼，包括駱駝岩、獅島、洞窟鶴島和山成島……環遊紀松島之旅的遊覽船路線，分成A和C行程。

A行程是由觀光棧橋搭船出發，海上環遊紀松島，抵達鯨濱公園（鯨魚博物館）、最後再回到觀光棧橋（費用大人約一六五〇日圓，小孩八三〇日圓）。你也可以選擇到鯨濱公園後就下船，不回原先上船的觀光棧橋（費用依照上下船不同地點，大人約四〇〇至一二五〇日圓、小孩約二〇〇至六三〇日圓）。

而C行程，則是不包含鯨濱公園，同樣由觀光棧橋上下船（費用大人約一二五〇日圓，小孩約六三〇日圓）。遊覽船的時間最早從早上八點左右就有班次，最晚到下午四點多。所有航班都可以從浦島飯店搭乘，因此，若是投宿於浦島飯店，也可以請教飯店詳細的時刻表。

在約一小時五十五分鐘的環紀松島行程（以A行程爲例）中，可以更加見識到和歌山南紀勝浦的好山好水。前一晚投宿在浦島飯店裡泡過的天然洞窟湯，例如忘歸洞，從遊覽船上遠遠望去，才明白原來是多麼特殊的外湯地形。

環遊紀松島

add 和歌山県東牟婁郡那智勝浦町勝浦442-20
open 8：00～17：00
close 週三
access JR紀伊勝浦，徒步10分鐘
web http://kinomatsushima.com

從海灣上遠眺浦島飯店

KATSUURA TAIJI

03

太地鯨濱公園

鯨豚的故鄉

在太地「鯨濱公園」下船以後，當然不能錯過鯨魚博物館。這是一個以鯨魚和海豚爲主的海洋公園。日本人自古以來有捕鯨、吃鯨的傳統，而和歌山的太地，正是一座捕鯨之鄉。

在鯨魚博物館與捕鯨船資料裡，展示了各國的捕鯨文化和歷史資料，傳遞出人與自然從來就是不可分割的依存關係。除了能夠深刻了解鯨魚習性和特徵的鯨魚博物館，這裡還有海洋水族館，並且會定時推出海豚表演秀（9:30至15:15之間，一日四場，每場十分鐘）。在離海豚非常近的距離看牠，甚至還能親手觸摸喲！

看了可愛的海豚以後，竟然升起一股「好想要養一隻海豚喔」的念頭。當然，那是不可能的啦。所以，我最多也

只能上台摸摸海豚了。海豚摸起來很硬，原來看起來溫馴的海豚們，個個都是硬漢哪！

走出鯨濱公園，原先在公園一旁曾有間專賣鯨肉料理的餐廳。日本人向來有吃鯨魚的習慣，這到底是對還是不對，在國際間一直是保育、經濟、文化和政治之間，各有立場，一件很微妙的事。前陣子，因爲一部西方的鯨魚紀錄片，讓太地這個地方躍上新聞焦點，而吃鯨、捕鯨的問題又再度浮上台面。

姑且拋開這些議題，事實上，三十多年前的日本，鯨魚肉確實是很稀鬆平常的家常菜。但現在，一般餐廳根本也吃不到鯨魚肉，僅4％日本人常吃鯨魚，高達53％民眾根本沒吃過鯨魚肉。因爲物以稀爲貴，鯨魚肉看似日本料理中的高級品，但其實吃過鯨魚肉的日本人大多坦承，鯨魚肉並不好吃。

雖然也有生魚片形式的鯨魚肉，但鯨魚肉料理多半是經過油炸特殊處理的。例如炸成像是炸魚排一樣，再加上橘子醬來吃。實在是因爲鯨魚肉肉質比較硬，很多人也認爲吃起來味道並不香。既然不好吃，爲何還要捕殺呢？對於部分日本人來說，捕鯨、吃鯨是一項希望留存下來的傳統，然而，在時代的變遷中，不合時宜的傳統是否仍有堅持的意義？這是國際社會開給現代日本人的一大課題。

沾上橘子醬食用的鯨魚肉

鯨魚博物館
（太地町立くじらの博物館）

add　和歌山県東牟婁郡太地町太地2934-2
open　8：30～17：00
access　JR太地站 → 轉乘太地町營接駁巴士 →「鯨魚博物館前」下車
web　http://www.kujirakan.jp

YUASA

和歌山 湯淺

探訪日本醬油發源地

「觀察著日本人是如何
堅持百年的手工精神，
讓傳統的技藝延續下去，
我確實感到
湯淺醬油不只是一樣商品，
更成爲了一種藝術。」

交通資訊

JR紀勢本線．御坊行

▶行駛路線：

和歌山 → 湯淺

行駛時間　42分鐘

▶票券購買：

JR PASS（外國觀光客可利用）

詳細購買、價格與使用方式，請參考官方網站
http://www.japanrailpass.net/zh/zh001.html

醬油在十三世紀經由中國大唐傳至日本。最初是由在中國金山寺學藝的興國寺的法燈國師，習得味噌的製作方式以後，將技術帶回日本，首先就在和歌山縣有田郡的「湯淺」上陸。湯淺在釀製味噌的過程中，提煉出美味的手工醬油，將醬油商品化以後，廣受好評，奠定了「湯淺是醬油的代名詞」之美譽。

喜歡老街散步與人文歷史的旅人，也喜歡拜訪「湯淺町湯淺傳統的建造物群保存地區」。除此之外，湯淺的另一個旅遊焦點，就是這座建在半山腰上的湯淺城，它是目前全日本唯一能夠投宿的城郭。

YUASA
01

湯淺小鎮

令人崇敬的「職人」生活

約四百年前，在交通往來仍不方便的時代，許多住在遠地的人就開始千里迢迢前來購買湯淺醬油。江戶時代是湯淺醬油的最盛期，在幅員不算大的村落街道裡，就開設了將近九十二間的醬油店。如今，雖然盛況不如百年前，但依然保留了幾間堅持手工釀造的醬油老舖，用百年釀造的祕方，一點一滴從手感的溫度中，傳遞著味覺的藝術。

湯淺醬油的老舖主要集中在「湯淺町湯淺傳統的建造物群保存地區」之中。這一群受到保護的傳統老木屋，占地約東西四百公尺，南北二百八十公尺，從十六世紀開始的醬油釀造業，就是在此地發源的。來到這建築保護區，不只能夠探訪百年醬油職人，光是散步在老街道當中，也像是穿梭進時光隧道裡，別具風情。

一般觀光客可以參觀「醬油資料館」，來了解湯淺手工醬油自古以來的釀造過

湯淺町傳統的建造物群保存地區；角長醬油入口（右）；釀造中的醬油（下）

程。而在醬油資料館附近，有一間名爲「角長」的醬油老店，則是湯淺醬油的百年老店代表之一。創立於一八四一年的角長醬油，在店鋪之外亦設有紀念館（角長醬油紀念館職人藏、角長醬油紀念館職人藏新館），展示當年釀造醬油時使用的器具及湯淺醬油的歷史資料。

深入角長醬油的工廠內部，更加貼近醬油的製作現場。看著角長醬油製作工廠裡，醬油釀造作業的流程，才赫然驚覺一瓶手工醬油的誕生，是如何的耗費時間和工夫。每一滴醬油，眞的都得來不易。

角長醬油（醬油資料館）

add　和歌山県有田郡湯浅町湯浅7
open　9：00～12：00／13：00～17：00
close　不定休
access　JR「湯淺」站下車，徒步15分鐘
web　http://www.kadocho.co.jp

YUASA 02

湯淺金山味噌

味噌中的經典

日本料理中缺一不可的味噌醬，發源地之一亦是和歌山的湯淺地區。而當我們說到味噌，相信誰都會認爲這是日本特有的調味醬。然而奇怪的是，當我到了日本醬油與味噌的發源地和歌山湯淺以後，才知道日本人最早習得味噌的作法，也跟醬油的釀造一樣，竟是來自於中國的鎭江金山寺。味噌製作過程最主要的材料是釀好的醬油，因此，當醬油和味噌的製作方式在十三世紀經由大唐的金山寺傳至日本和歌山以後，就開始在日本人專業研發的精神中，從湯淺發揚光大了。

在湯淺的老街上除了有許多醬油老舖，百年味噌也存在著。這次探訪湯淺，特別參觀了當地製造金山寺味噌、最負盛名的「金山寺醬釀造元　太田久助吟釀」老店工廠，徹底觀摩、了解湯淺手工味噌的製作過程。

金山寺手工味噌主要使用大豆、米、麥，經過攪拌，加入調味，同時放入米麴或麥麴，最後再放進木桶，經長時間發酵完成。堅持古老的手工製造方式，每一罐味噌在美味當中，也盈滿著日本職人擇善固執的精神。

金山味噌的吃法，最簡單的就是挖一小瓢搭配熱騰騰的白飯，打上一粒半熟的溫泉蛋襯托味噌的口感，保住味噌的香氣。同行的日本友人，味噌是從小吃到大的，也完全被金山味噌給迷倒了。甚至在和歌山的高級飯店與餐廳裡，料理中若要使用到味噌，也一定會標榜來自湯淺的金山味噌。

金山寺醬釀造元
太田久助吟釀

add　和歌山県有田郡湯浅町大字湯浅15
open　8：30～20：30
access　JR「湯淺」站下車徒步15分鐘

YUASA

03

湯淺城

來去城郭住一晚！

來日本旅遊應該常有機會參觀歷史名勝古蹟，特別是類似大阪城形式的城郭建築，多半是登高望遠的好地點。但是你一定沒想過，其實你是有機會住在裡頭的！全日本唯一能夠投宿的城郭，就在和歌山的湯淺。

最初的湯淺城建於大約一千年前，也就是西元一一四三年。幾經戰事破壞，在現存的城蹟上重新改建，如今的湯淺城已經是鋼筋水泥的建築。即便如此，從外觀上看來，仍有幾分風韻。湯淺城的樓上爲歷史文物展示館，有日本武士甲冑的展示，另外也有瞭望的展望台。因爲地勢高，能夠將整個湯淺城一覽無遺，和歌山的好山好水盡收眼底。

至於開放爲國民住宿的區域，共有二十七間和式房間、兩間洋式房間。可選擇一泊二食的套裝行程，價格在八九○○日幣到一三○○○日幣左右。當然，也可以選擇只要住宿。

一樓有溫泉大浴場，住宿者可免費使用。這裡的天然溫泉是硫磺泉質，對於慢性皮膚病、慢性婦人病、筋骨痠痛與關節痛，據說有相當的療效。晚上在睡前，來到這裡的大浴場泡湯，霧氣氤氳中，看著窗外黑茫茫的夜色，忽然意識到自己是在城郭裡泡湯呢！想想還滿酷的！

湯淺城溫泉大浴場

湯淺城

add 和歌山県有田郡湯浅町青木75

access JR紀勢本線湯淺站，轉乘計程車約5分鐘

web http://www.yuasajyo.jp

近畿

SHIRAHAMA

和歌山 白濱

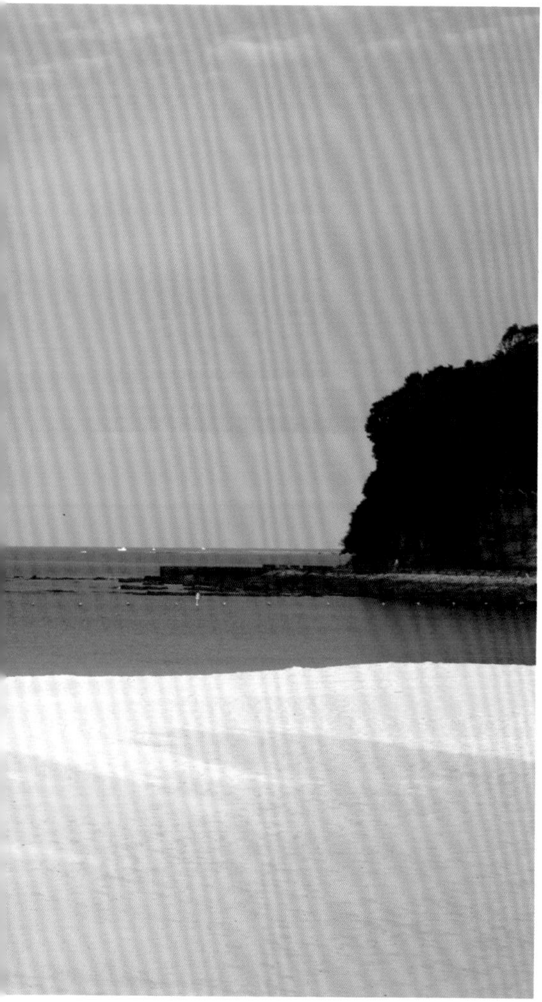

浪漫的碧海藍天

「站在陰冷洞窟裡的欄杆邊緣，
看著海水從遠方探進窟內，
在日光裡閃爍出奇特光芒，
同時聽見急冽的風灌進洞穴，
發出神祕又詭譎的聲音。
想著這萬千年來
緩緩改造而出的地勢，
覺得時間這東西
眞是難以想像的巨大。」

交通資訊

JR特急くろしお

▶**行駛路線：**

和歌山 → 白濱

行駛時間　1小時32分鐘

▶**票券購買：**

JR PASS（外國觀光客可利用）

詳細購買、價格與使用方式，請參考官方網站
http：//www.japanrailpass.net/zh/zh001.html

木村拓哉迷一定都知道《Good Luck》這齣經典代表作。在這部日劇的最終回，場景拉到了風情獨具的夏威夷海灘，碧海藍天，微浪白砂，讓人心神嚮往。但實際上你可能不知道，其實，那海灘的拍攝地點根本不在夏威夷，而是在關西和歌山白濱的白良濱海灘。

關西人沒有人不知道白濱。白濱絕對是關西，甚至是全日本溫泉渡假勝地的代表。既有白沙灣海灘可戲水，又有天然溫泉療癒身心，特別是每到夏天旅遊旺季，海水浴場開放後，沿著白良濱白沙灣腹地興建的渡假飯店和白濱市街上，瀰漫著休閒又歡騰的氣氛，就像是放大版的墾丁海灘。

SHIRAHAMA 01

三段壁洞窟

熊野水軍的祕密基地

白濱是一處半島地形，周圍被太平洋環繞，萬千年來在浪潮拍打中，形成許多奇特的地形。其中一處必訪之地，是「三段壁」洞窟。

三段壁分成外部懸崖和地下洞窟兩個景點。從外在看來，三段壁是高約五十到六十公尺的斷崖，像是大海的屏風似的，擋在沿岸邊，駐守著太平洋。站在斷崖邊眺望遠方，景色非常壯觀。至於三段壁的地下，則是深約三十六尺的洞窟。經年累月，在海浪與強風的侵蝕下，形成了許多造型迴異的海蝕洞。乘坐電梯，就能下到距離地表三十六尺以下的地底世界。

站在陰冷洞窟裡的欄杆邊緣，看著海水從遠方探進窟內，在日光裡閃爍出奇特光芒，同時聽見急冽的風灌進洞穴發出神祕又詭譎的聲音。想著萬千年來，它們就是這樣緩緩改造出這樣的地勢，覺得時間這東西真是難以想像的巨大。

據說，三段壁洞窟是日本歷史上熊野水軍隱身船艦的祕密基地，因此，洞窟內也展示了一些復原的文物。因爲這些故事，讓參觀三段壁洞窟也像極了一場探險。

三段壁洞窟

add　和歌山県西牟婁郡白浜町 2927-52
access　從JR白濱站搭乘明光巴士，在「三段壁」下車
open　8：00 ～ 17：00
web　http://sandanbeki.com

三段壁經年累積浪花拍打所形成的海蝕洞；三段壁斷崖（上圖右）；三段壁洞窟內部（下）

和歌山夕陽百選名勝

有白濱象徵之稱的圓月島（円月島），是被票選爲「和歌山夕陽百選」之一的觀光勝地。這一塊落在白濱海岸線外的小島，浮在水中央，形成了很奇特的地勢景象。

圓月島中間有一塊圓形海蝕洞。在春分日和秋分日的前後，每到落日時分，要是恰好站在正對著圓月島的堤岸邊，就有機會能夠望到夕陽西沉的某一刻，太陽恰好被圓月島中央的小洞給鑲住的美景。然而，即使無法目睹圓月島和夕陽連成一線的盛況，只要能坐在堤岸邊看著美麗的昏暮，也已經感到滿足。

在圓月島堤岸邊，有個泡足湯溫泉的亭子，叫作「御船足湯」。在夏末初秋，微涼的夕陽，雙腳泡著溫暖的足湯，欣賞染紅的天際景致，不用說也知道，這裡當然就是看圓月島落日的最佳地點了。

SHIRAHAMA
02

圓月島的海蝕洞奇景

圓月島中央的圓形海蝕洞；御船足湯（右）

圓月島（円月島）

add　和歌山県西牟婁郡白浜町1384-57（觀光協會）
access　從JR白濱站搭乘明光巴士
在「円月島」下車
web　http://www.nanki-shirahama.com/search/details.php?log=1332736052

SHIRAHAMA
03

遇見海女 Glass Boat

與海親密的瞬間

白濱海邊的觀光遊艇，將日文名稱翻譯成英文以後是Glass Boat。意思是遊艇的船底設有一條長長的玻璃觀景窗，遊客可以透過這條觀景窗，在遊艇航行時，清楚看見水中游動的魚群。對於無法在冬天浮潛或不善游泳的人來說，能夠利用這種遊艇窺見海中世界，應該是再好不過了。在遊艇中能夠見到這一帶海域的魚種，少說也有十種以上。觀景窗旁貼著魚種的照片，對照著實物來看，像是連連看遊戲似的，頗有樂趣。

不過，就當我們看著看著的同時，一條白色超級巨大的魚，突然從觀景窗外冒出來！天啊！也太大了吧。咦，還會跟我招手？不會吧！仔細一看，原來那不是魚，而是從事漁獲的「海女」。過去到三重縣時，曾深入瞭解過海女這個日本傳統特殊的職業，沒想到在和歌山圓月島搭乘觀光遊艇也能見到。其實，這裡的海女算是「觀光海女」，也就是特別由遊艇安排的定時表演。縱使如此，依然不減樂趣。

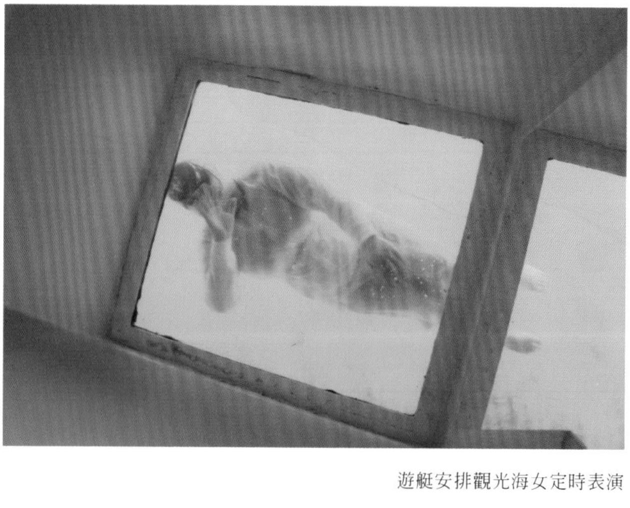
遊艇安排觀光海女定時表演

SHIRAHAMA
04

Tore-tore市場

海鮮料理的天堂

說起日本能吃到美味海鮮的市場，那可不是只有東京築地才有的專利。在物產豐隆的和歌山南紀白濱，就有一座名爲「Tore-tore」的市場，號稱是西日本首屈一指、最大的魚貨市場。在這占地約一萬五千坪的賣場中，把來自日本全國各地的當季海產、土產乾貨全都一網打盡。和歌山雖然隨處都有美味海鮮，不過，眞正最新鮮、最豐盛的，就在此地。

Tore-tore市場裡有一處用餐區，提供許多人氣海鮮丼飯。特別是各式各樣的海鮮料理，光是張望著菜單就足以讓人垂涎三尺了。或者，你是個享受逛遊市場的旅人，可以在市場裡選好魚貨，讓商家處理一下，就能立刻帶到戶外炭烤區吃起燒烤！國外旅客雖然不能把海產帶回國內，但看見什麼吃什麼，立即滿足海鮮的口腹之欲，可眞是實踐了所謂的及時行樂呢。

這次再訪和歌山正值隆冬，跟隨行的夥伴們圍著烤爐，吃起熱騰騰的燒烤再好不過了！尤其是肥美的蝦子，果然生鮮現烤的就是不同。當然，愛吃海鮮的人，不可能只把海鮮拿來炭烤囉。燒烤之外，生魚片自然也不會缺席。在市場裡難得一見的「靴蝦」（クツ海老）跟伊勢海老，調理成口感鮮美且充滿彈性的生魚片。不經過調味加工的生魚片，更加展現出Tore-tore市場裡所販售的食材，確實鮮美並具有口碑。

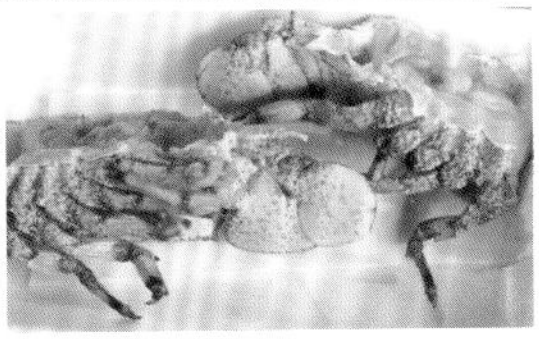

Tore-tore市場除了海鮮，還有販售和歌山當地土產、伴手禮的專櫃，店家提供大方試吃，保證能挑到合口味的禮品。另外，特別想要一提的是，市場門口外有一攤賣「蕨餅」（わらび餅）的店舖，千萬不能錯過！蕨餅可是本人的心頭好物呀！這裡賣的蕨餅肯定是我吃過的前三名。撒上黃豆粉，一口咬下像是介於布丁跟果凍、洋菜之間的口感，散發出蕨餅本身的香醇甜味，作爲海鮮盛宴的味覺展演收場，是最好的一幕。

推

個人排名前三名的蕨餅

Tore-tore市場（とれとれ市場南紀白浜）

add　和歌山県西牟婁郡白濱町堅田2521
open　8：30～18：30
accese　JR白濱站前搭乘「白濱町循環巴士」，在「とれとれ市場前停留所」下車
web　http://toretore.com/ichiba/

KISHI
MINABE

和歌山
貴志・南部

跟貓咪站長說哈囉！

「鐵路原本只是用來運輸的工具，如今賦予了觀光的點子，思考鐵路的存在意義也不只是移動工具那麼簡單了。」

交通資訊

新幹線・電車

① わかやま電鐵貴志川線

▶行駛路線：

和歌山 → 貴志　行駛時間　29分鐘

② JR特急くろしお

▶行駛路線：

JR和歌山 → 南部　行駛時間　1小時7分鐘

▶票券購買：

① わかやま電鐵貴志川線沿線車站

提醒：非JR系統，故無法使用JR PASS。

② 當地JR車站（可用JR PASS）

貓咪也能當電車站的站長嗎？愛貓成癡的日本人，真的讓這件事情發生了。這隻叫作小玉的貓咪站長，每天都在和歌山市貴志川線的收票口，送往迎來每一個到訪的旅客。別懷疑！小玉真的是和歌山電鐵公司官方認定的站長，在牠進駐的窗口上，真真切切掛著站長室的招牌呢。隨著小玉站長的出現，貴志站每天都湧進大量人潮。而小玉站長也不負眾望，每天精神抖擻地在專屬站長室裡，迎接旅客並與大家合影。

KISHI MINABE
01

到貴志站搭草莓列車

貓咪站長小玉坐鎮！

小玉站長看守的這座車站，位於和歌山市貴志川線的貴志站。在貴志川線仍隸屬於南海電鐵公司的時代，這條鐵道還只是條默默無名的地方電車線，因爲搭車的人潮不多，多年來始終慘淡經營。某一天，鄰近車站的小山商店飼養的貓咪生了小貓，這隻貓就是現在人人皆知的小玉站長。

在和歌山電鐵接替南海電鐵經營貴志川線的時候，受到了小山商店的請託，希望能讓小玉繼續住在車站裡。於是，爲了讓小玉成爲和歌山電鐵社員的一份子，和歌山電鐵決定將小玉任命爲「貓咪站長」。麻雀變鳳凰，小玉就此變身成了小玉站長！

貴志川線原本幾乎瀕臨廢線的命運，因爲和歌山電鐵的巧思，讓大家都知道這裡有「草莓電車」。隨著小玉站長的出現，如今擁有三輛改裝電車，每天都湧進大量人潮。而小玉站長也不負眾望，每天精神抖擻地在專屬站長室裡，迎接旅客並與大家合影。

二〇一〇年夏天，設計師水戶岡鋭治爲小玉貓咪站長重建了新的貴志站，不只有更漂亮的站長室，還有貓咪咖啡館及販售周邊紀念品的商店。這座嶄新的車站，從正面看來十分逗趣，仔細觀察一下整個造型，究竟像什麼呢？沒錯，就是貓咪的臉啦！除了在小玉博物館裡可以買到小玉的相關商品，在貴志站的前幾站「伊太祁曾站」也有專賣店。此外，伊太祁曾站還提供「小玉站長自行車」的租借，可以騎著單車在周圍遊玩。至於貴志站，則是提供「草莓自行車」的租借服務。

鐵路原本只是用來運輸的工具，如今賦予了觀光的點子，思考鐵路的存在意義也不只是移動工具那麼簡單了。因此，除了將貴志站變成小玉車站，另外從和歌山市出發、通往終點站貴志站的貴志川線，也設計了造型可愛的三種電車，分別是小玉貓咪電車、草莓電車和玩具王國列車。從此，不只吸引了愛貓

草莓電車造型圖樣座椅

草莓電車外觀；
眺望田野稻田群（右上）；
貴志站貓咪咖啡店（右下）

咪的人特意前來搭乘，也一舉擄獲了鐵道迷的心。

只是，小玉一代在二〇一五年已經過世，成爲貴志站榮譽站長，而牠的工作則由小玉二代接手。如今的小玉站長工作時間，原則上爲上午十點到下午四點，但若貓站長身體不適也是不會出勤的。此外請特別注意，每週三、四，小玉站長是不上班的喔！別特地前來，卻撲了個空。

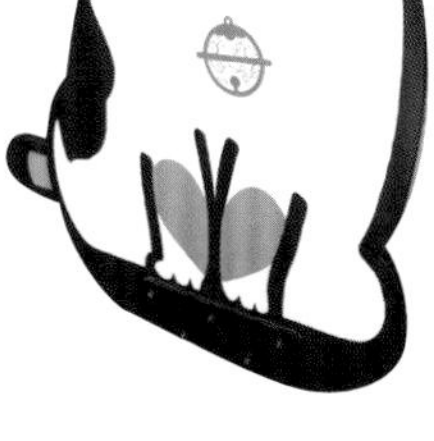

小玉站長（たま駅長）貴志站

web　http://www.wakayama-dentetsu.co.jp/

KISHI MINABE 02

紀州梅工廠初體驗

紀州梅助產士

日本人常常喜歡在吃飯時或在御飯糰裡，放上一粒大大的梅子作爲提味。這些梅子跟台灣的梅子很不同，光是在尺寸上就足足大了台灣梅好幾倍，也因爲製作方式不同，味道也大相逕庭。其中，以「紀州梅」在品質與口感上最爲出名。所謂紀州就是和歌山的古稱，而在和歌山的「南部」（みなべ）地區，就是盛產紀州梅的地方。在和歌山的南部有許多紀州梅工廠，每年在梅樹二月開花、六月結果以後，就會進入醃製過程。部分銷售紀州梅的商家會開放他們的工廠，讓旅客體驗醃製梅子的過程，相當有趣。

紀州梅的醃製，仍保有手工製作，且多以梅樽醃製。在這個大木桶裡，以鹽巴跟梅子的交錯去醃製，因此吃起來的味道，就如同日本的漬物一樣鹹。傳統的紀州梅多半又酸又鹹，有時鹽分竟多達20%。不過，近來因爲考量健康，開始生產低鹽的梅子，也就是所謂的「甘口」。其中，最受歡迎的是加入蜂蜜的紀州蜂蜜梅。

既然特地來了和歌山南部，我自然也親身去工廠體驗了一下紀州梅的製作過程，好讓大家有個譜，下次有機會來和歌山，別忘記來這裡玩玩。首先進入工廠時，得戴上防塵帽。這防塵帽有人說像是浴帽，但我怎麼看，自己都好像是要進手術房的醫師，而且不曉得爲什麼，總覺得還是個助產士！

第一步，要從大桶子裡將梅子取出來瀝乾。這些梅子每個都像是過著很富裕的生活似的，好胖！加上吸了水，重量非常可觀。我拿起托盤時，差點沒整個人跌進桶子裡去。要是掉進去，我想我可以爲自己的一生下個新聞標題：「梅完梅了張維中」。

好不容易瀝乾梅子後，就努力地扛著托盤，走進旁邊的曬乾區。在這裡，所有的梅子都在做日光浴，要將水分曬乾。有些曝曬區還會進行溫度調節，因此整個房間都非常的悶熱。就在這裡，必須在固定的時間，觀察梅子曬乾的過程，然後適時將梅子翻面。

翻面的方式，是要把整個托盤高高拿起，然後用很快的速度，在自己的頭頂上一翻轉。技術好的話，所有在托盤裡的梅子，就會翻面成功。看似簡單的工作，我也是差點要把整個托盤給壓到自己頭上了。那麼多又那麼重的梅子，要是眞從我頭上壓來，可不是玩笑。我也爲這可能發生的窘事，想好了新聞標題：「梅頭深鎖張維中」。

來體驗梅子製作過程的人，都可以裝一小盒曬好的梅子作爲禮物。最後，獻上一張「助產士吃紀州梅」的照片自娛娛人吧。

ぷらむ工房

add　和歌山県日高郡みなべ町晩稲1187
open　8：30～17：15
accese　從JR南部站搭乘計程車約10分鐘
web　http://www.plumkoubou.co.jp/

製梅也算一種催生吧！

必須用很快的速度翻面

只差一點兒就整個人跌進去

KISHI MINABE

03

井出商店和 Green Corner

和歌山拉麵的代名詞

和歌山也是日本拉麵的重鎮之一。首先，當地人通常不叫拉麵爲拉麵，而稱作「中華そば」（SOBA）。所以，要是來和歌山旅遊，拚了命想要體驗當地的拉麵，但光是看著招牌，不知道其實中華そば就是拉麵的話，可能會意外錯過也不一定。

帶領和歌山拉麵風潮的店家，當屬這間井出商店。原本只是當地人生活裡的一間小拉麵店，經媒體報導過後，許多遠道而來的觀光客都會前來拜訪。因此，井出商店也逐漸變成和歌山拉麵的代名詞。

和歌山拉麵是以濃厚的豚骨醬油湯而聞名。說眞的，我覺得實在是有點太鹹了。而事實上，不少日本人也是這麼認爲。尤其據說是東京人，對於和歌山的拉麵也是不太有辦法。濃厚口味的「幕後黑手」其實並非是醬油，而是豚骨醬汁。

先吃鯖壽司，剝個蛋再吃拉麵

井出商店的拉麵很大一碗，以我的小鳥胃很難一碗吃光。有趣的是，和歌山縣民習慣在等候拉麵上桌前，就先吞掉一個「早壽司」（鯖壽司），同時開始剝蛋。至於蛋，則可以留著等拉麵上桌時放進麵裡吃。這個根深柢固的地方傳統，甚至讓和歌山縣民以爲，全日本都是這樣吃拉麵的。

說到和歌山拉麵，現在大家都會先提井出商店，但其實對當地人來說，井出商店畢竟太觀光景點了一些。另外一間拉麵店Green Corner（グリーンコーナー），是和歌山市居民從小到大更有親切感，覺得更能夠代表和歌山拉麵之一的拉麵店。Green Corner的拉麵，反倒不像是一般印象中濃厚的豚骨醬油拉麵，吃起來比較有些雞汁的口味。另外，還特別推薦店內賣的可樂餅。可樂餅肉質香醇，讓同行的日本前輩頻頻叫好。

或者先吃拉麵，再吃霜淇淋！

井出商店是在拉麵上桌前吃壽司，妙的是Green Corner則是在拉麵之後吃霜淇淋！原來Green Corner原本是經營茶莊的玉林園，因此，拉麵店也就賣起自家茶莊出品的抹茶霜淇淋。到拉麵店吃麵，最後再享用可口的冰淇淋，遂成爲和歌山市的人小時候覺得最享受的事情之一。也難怪現在跟和歌山市的大人提起Green Corner時，每個人都抱著一種珍惜這間店、並懷念自己童年的心情了。

井出商店（いでしょうてん）

add 和歌山県和歌山市田中町4-84
open 11：30～23：30
close 週四
accese JR和歌山站徒步9分鐘
web http://r.gnavi.co.jp/dkpgv6a50000/

グリーンコーナー（Green Corner）築地橋店

add 和歌山県和歌山市舟津町1-1
open 11：00～22：00
accese 和歌山港站徒步4分鐘
web http://www.gyokurin-en.co.jp

推

Green Corner店家特製抹茶霜淇淋；拉麵配可樂餅（右）

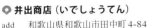

KYOTO

京都

顛覆京都印象，
京丹後

「京都府的最北端
有一處名爲京丹後的地方，
緊鄰著美麗的日本海，
以豐盛的海產與溫泉自豪。」

交通資訊

電車

▶行駛路線：

京都 —KTR北近畿タンゴ鉄道 特急「はしだて」→ 丹後大宮

行駛時間　2小時30分鐘

▶票券購買：

在「KTR」（北近畿タンゴ鉄道）各車站購買車票

KTR非JR系統，不可使用JR PASS。

對於京都的印象，一般人總是先想到數不清的神社寺廟或美味的和菓子；或者是晚近有不少的知青，嗜於流連小巷弄的職人藝品店、書坊與咖啡館。至於提到京都的地理氣候時，給人的感覺則多半是夏季炎熱的盆地氣候，彷彿跟海岸線保持著絕緣的關係。然而，其實京都也有靠海的一面。就在京都府的最北端，有一處名為「京丹後市」的地方，顛覆了既定的京都印象。那兒緊鄰著美麗的日本海，以豐盛的海產與溫泉自豪。

KYOTO 01

後濱海岸

立岩地形與豐盛海產

在我的心目中，京丹後市最美麗的海岸線，是位於丹後町的後濱（後ヶ浜）海岸。受到風化的影響，這條海岸線的玄武岩石塊，產生出造型特殊的自然地勢。由於石塊上留下垂直狀的線條，故稱爲「立岩」，總計約長達一公里。立岩因此成爲丹後半島的觀光名勝。

除了自然景觀，丹後町還以「間人漁港」聞名。特別是冬天時，約從十一月開始，在間人漁港交易捕獲的「間人蟹」，更是附近的餐廳與溫泉飯店爭相提供的美饌。間人蟹聲名遠播，每到此一時節，近畿地區的老饕都會特地前來，品嚐美食也享受美味。

丹後半島這一帶的旅館，可以「うまし宿とト屋」爲代表。遠離京丹後市的市街，獨立於世的一間小旅館，總共只有十間客房。從入口玄關到客房，融合了古風和現代的室內設計，做足了氣氛。泡完露天風呂以後，晚餐在和式房間裡享用當季的各種海鮮料理，感受京丹後市驕傲的豐饒。

豐盛的當季海鮮料理；間人蟹（下）

後濱海岸（後ヶ浜海岸）

add　京都府京丹後市丹後町間人
accese　KTR「峰山」站
→（丹後海陸交通巴士）
→「丹後町役場前」站下車
web　http://tan-go.jp

❀ うまし宿とト屋

add　京都府京丹後市丹後町間人566

accese　KTR「網野」站，轉計程車或聯繫飯店接駁

web　http://u-10108.com/web/

KYOTO 02

丹後縐綢

傳統工藝的代表

京丹後市除了海岸、溫泉與海產，還以布料聞名。據說早在一千兩百年前，這裡就已經有生產絹織物的紀錄。

恰當的氣候環境，讓這一帶的絹織工業逐漸發展茁壯。到了江戶時代出現了名爲「丹後縐綢」的布料，近年來更不斷研發，融合許多嶄新技術，讓丹後縐綢的日式花樣多彩多姿。

再加上耐磨又不易縮水的特質，成爲製作和風小物或和服的絕佳材質，甚至與日本的流行服飾品牌跨界合作，推銷到國外，讓日本傳統工藝受到更多注目。主要的紡織廠均集中於網野町。事先申請，均可觀摩紡織工廠的運作狀況。

華美的丹後縐綢；紡織工廠一景（上）

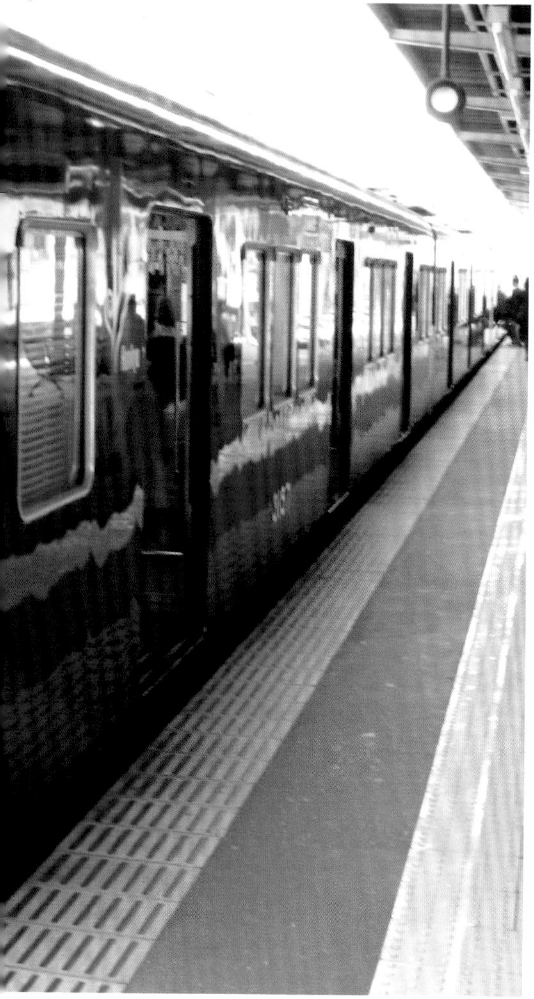

OSAKA

大阪

箕面，
把美麗的紅葉吃下肚

「年復一年，
看似悄然無聲的光陰，
其實都激動地
被箕面瀑布落下的水聲，
記憶著。」

交通資訊

電車

▶**行駛路線：**

梅田 ─阪急線：阪急寶塚本線急行 寶塚行→ 石橋 ─阪急箕面線→ 箕面

行駛時間　26分鐘

▶**票券購買：**

「スルッとKANSAI」大阪一日周遊卡

詳細使用方式與購買地點（中文）
http://www.osaka-info.jp/osp/cht/

遠離大阪市區，在近郊有個叫作「明治之森箕面國家公園」的地方，包含箕面市北部的低山岳地帶、箕面瀑布與周邊森林，不僅腹地廣大，蘊含千種的植物類別和三千種以上的昆蟲，稱之為自然寶庫一點也不為過。

走近箕面國家公園，沿路都能見到許多以猴子為造型的看板。原來是以前這裡有許多野生動物，其中又以猿猴居多，故從以前開始就成為老一輩的人對箕面山的印象。曾經一度開闢此地為野生動物園，後來實在是因為猿猴氾濫，經常發生與人衝突的意外，最後才廢止動物園的設置，同時，也禁止觀光客餵食猿猴。否則這些猿猴在習慣人餵食的情況下，很容易行為踰矩，造成危險。

OSAKA
01

箕面瀑布

箕面瀑布是公園賞紅葉的重要據點。從公園入口一路散步，爲觀光客設計的最終路線就是有落差三十三公尺、被票選爲「日本百大瀑布」之一的箕面瀑布。

我覺得這裡最棒的是在瀑布前與小橋之間的平地上，設置了一排排的座位。買了喜歡吃的小吃，坐到這裡一邊聊天，一邊看瀑布跟紅葉，那種幸福感是多少金錢也換取不來的。

紅葉天婦羅

紅葉在箕面出名的理由，最有趣的是因爲這裡的紅葉不只能看，還能吃。是的，別懷疑。把紅葉裹上麵粉，經過油炸以後成爲紅葉天婦羅，有點類似台灣的茶餅。酥酥脆脆的，有如餅乾般的口感，是令我相當驚艷的零嘴新體驗。當

然，箕面有種植專門用來食用的樹葉，可不是隨便把地上揀來的紅葉就拿來油炸。由於備有存貨，一年四季都能吃到紅葉天婦羅。

雖然到訪的季節是春末，但可以想像，在秋高氣爽的季節，火紅的秋葉看完、吃完以後，還可以到公園內的溫泉泡湯。等到葉子紅到濃得化不開，落下之後便是深秋、走進初冬之際了。年復一年，看似悄然無聲的光陰，其實都激動地被箕面瀑布落下的水聲，記憶著。

明治之森箕面國家公園

access 搭乘阪急電鐵在「箕面」站下車
瀑布約徒步40分鐘

從公園入口一路散步；紅葉天婦羅製作中；名物店一景；瀑布前的座位（由左至右）

OKAYAMA

岡山

小橋流水，倉敷美觀

「那些不願告別
卻消逝的短暫愛戀，
是否足以燃亮一條路，
好讓下一回的自己，
不再迷失？」

交通資訊

新幹線・電車

▶行駛路線：

新大阪 —山陽新幹線→ 岡山 —JR山陽本線→ 倉敷

行駛時間　1小時7分鐘

▶票券購買：

JR PASS（外國觀光客可利用）

詳細購買、價格與使用方式，請參考官方網站
http：//www.japanrailpass.net/zh/zh001.html

有時候，旅行中不帶任何預設立場或期待，反而會遇見許多不經意的驚喜，就像是岡山縣的倉敷。以前曾經在看過仲間由紀惠替JR西日本拍攝的廣告，其中一系列就是在倉敷的美觀地區拍攝。當時看了覺得人跟景都非常美，不過卻從來沒有仔細去查這是哪裡。這次終於走進了倉敷的美觀，一訪這個充滿大人味旅行的街衢，令我十分驚艷。我願意為了再泊倉敷而重訪岡山。

OKAYAMA
01

美観

美觀地區（美）

add　岡山県倉敷市中央1丁目
accese　從JR倉敷站南口，沿倉敷中央通前行步行約15分鐘
web　http://www.kurashiki-tabi.jp/see-kurashiki/

倉敷美觀地區商店街；
融合當地特色的招牌與路燈（左上）；
黃昏時分的倉敷川沿岸（左下）

水鄉澤國

石房、白牆和柳樹，圍繞在運河的兩畔，將倉敷的「美觀地區」襯托出一股古色古香的氣氛。街景古老卻不凋敝，這些民家有些仍住著居民，有些成了商家、民宿、居酒屋、餐廳或咖啡館，無論開設的是什麼店，都秉持著原有的外貌，延續當年的江戶風情。

夏日倉敷。昏暮漸至，和風木屋夾道而出的綿延小徑，迎來單車少年。像攜帶著光來似的，讓兩側的燈籠與行燈，靜謐中一瞬而亮。那些不願告別卻消逝的短暫愛戀，是否亦足以燃亮一條路，好讓下一回的自己，不再迷失？

到了夜晚，倉敷川沿岸的建築會打上照明燈光。看著樓房搖曳的身影倒映在運河中，亮晃晃的，好像時間也隨著河水回溯到了從前。這些燈光可不是隨便弄弄的，原來是出自世界級的照明設計師石井幹子的專業構思，打造出倉敷的幻想空間。

OKAYAMA
02

民藝茶屋 新粋

隱密居家感的居酒屋

享受倉敷的旅程，你可以搭乘運河中的小舟遊河，或者是散步。漫步穿梭於小巷弄中，看看商家賣些什麼有趣的。走累了，挑間咖啡館喝個下午茶，天氣若還熱，吃個冰品也不賴。晚上則在附近挑一間和風味濃厚的食堂，必然就更完美了。

晚餐，我來到這間在倉敷美觀地區內的居酒屋「民藝茶屋新粋」。這間居酒屋是當地人介紹的，但因為恆常閉著門，見不著餐廳內的景象，大概一般觀光客都會卻步。其實沒那麼神祕的，這間店的價錢跟菜單在網路上一目瞭然。如果擔心日文問題，只要事先在網路上看好資料就萬事ＯＫ。所以若有機會來到這裡，不要擔心，儘管開門走進去，大快朵頤一番吧。

民藝茶屋　新粋

add　岡山県倉敷市本町11番35号
open　17：00～22：00
close　週日
accese　從JR倉敷站徒步10分鐘
web　http://www.k-suiraitei.com/shinsui/

民藝茶屋新粋的低調外觀；民藝茶屋新粋櫃台前張貼的眾多菜單（中）；
鄉土料理飽滿著家常的溫馨味（右）

OKAYAMA
03

Kurashiki Ivy Square Hotel

兒島虎次郎紀念館

紅磚煉瓦的英式飯店

倉敷有間飯店名爲「Kurashiki Ivy Square」，建築很美，即使不是投宿於此，建議也可以來逛逛。原本是日本明治年間以英國工廠爲範例所建設的紡織工廠，經過大規模改造以後，打造出一間風格獨具的飯店。同時，飯店園區內還成立了幾座文化設施，如倉紡紀念館和兒島虎次郎紀念館等，使得這間飯店充滿了復古的藝文氣息。

紅磚煉瓦的材質是這間飯店的建築特色。館內利用各種轉角與建築之間的空隙，設計出的造景空間，更增添了此地的英式貴族氣氛。房間的價格倒是相當平民，兩人同行，附早餐的雙人房，一個人約日幣六八〇〇圓起跳。

鄉土料理岡山豚蒲燒

岡山市區內有家當地人推薦的故鄉美食，以「豚蒲燒」（ぶたかば）聞名。豚蒲的「豚」指的是豬肉，而「蒲」則是蒲燒鰻的「蒲」，因此簡單來說就是用跟烤蒲燒鰻一樣的料理方式，去料理出來的燒烤豬肉美食。豚蒲燒肉定食定價約日幣八〇〇圓，塗上濃厚的醬汁去燒烤出來的豬肉，香甜脆感十足！此外，還推薦日幣一〇〇〇多圓左右的ひつまぶた定食。這定食吃法有三步驟。（一）第一碗先單純品嚐竹筒裡的飯。（二）第二碗將蔥花、海苔、芝麻加入，混合以後享用。（三）將湯汁注入最後的飯裡，變成茶泡飯享用。等於就是同時享用到三種口味啦！

Kurashiki Ivy Square Hotel
add 岡山県倉敷市本町 7-2
accese 從JR倉敷站徒步15分鐘
web http://www.ivysquare.co.jp/

豚蒲燒 KABAKURO 總本店（かばくろ総本店）
add 岡山県岡山市北区御津野々口189-1
open 11：00～21：00（最後點餐20：30）
close 無休
web http://www.kabakuro.com

ひつまぶた定食；ひつまぶた定食吃法步驟三：將湯汁注入，變成茶泡飯（右）

OKAYAMA 04

岡山後樂園

幻想庭園

岡山市區最出名的觀光景點便是有「幻想庭園」之稱的岡山後樂園。這座在古時由藩主池田綱政所建造的大庭園，是日本三大名園之一。

日本庭園裡的步道多半是單線通行的，後樂園裡卻有許多交錯的小徑，是較爲少見的特色。寬闊的草原與風格獨具的建築，在夏天的夜間會打上烘托景致的燈光，光芒攀爬上樹又潛入池水，綺麗而夢幻的場面，贏得「幻想庭園」的美譽。

後樂園裡的茶寮販售著岡山縣的名產，類似於麻糬口感的「吉備糰子」。想吃吉備糰子，雖然在車站物產店都能輕易買到，但還是強烈建議到茶寮店裡去吃現做的。因爲手工的質感，才能讓糰子的彈牙感發揮到滿點，同時現場撒下的蓬鬆黃豆粉不會帶有濕氣，進而帶出糯米香味的同時，又能鎮住糰子裡紅豆餡的甜味。

吉備是岡山地區的古名，而吉備糰子之所以有名，是因爲在桃太郎的故事裡，桃太郎揮別故鄉出征時，雙親給的餞別盤纏就是與吉備糰子發音相同的「黍糰子」。日本相傳是桃太郎故鄉的地方很多，岡山是其中之一。

推

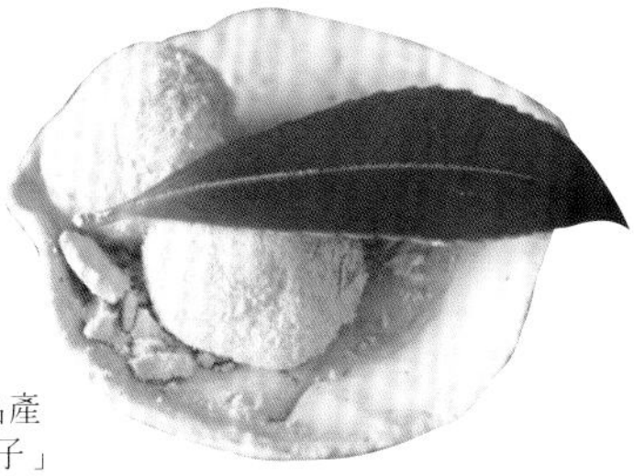

岡山縣名產
「吉備糰子」

岡山後樂園

add　岡山県岡山市北區後樂園1-5
open　7：30 ～ 18：00
（3月20日～ 9月30日，其他時段至17：00）
accese　岡山市電「城下」站徒步10分
web　http://www.okayama-korakuen.jp/

岡山縣素有「幻想庭園」之稱的後樂園；
從後樂園遠眺岡山城（左）

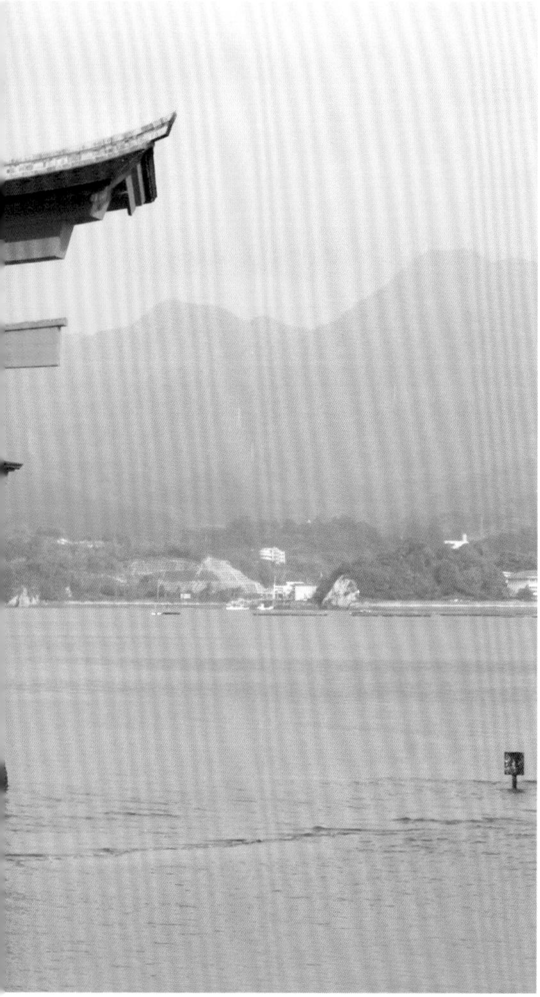

HIROSHIMA

廣島

交通資訊

山陽新幹線

▶行駛路線：

新大阪 → 廣島

行駛時間　1小時26分鐘

▶票券購買：

① JR PASS（外國觀光客可利用）

詳細購買、價格與使用方式，請參考官方網站
http://www.japanrailpass.net/zh/zh001.html

② 廣島市電（路面電車）一日券

票券售價　成人600円．孩童300円
購買地點　車站或車內

浴火重生的和平之都

「如夢似幻的嚴島神社，
只要在海水漲潮時，
整座鳥居就會浸入水中。
大潮時，海水會一路前進到神社裡。
走在神社裡的木板小徑上，
感覺自然與人，如此親密。」

一提到廣島，跟我同世代的人應該都有過那些年上KTV時，總要來個「廣島之戀」男女對唱的共同經驗吧。一晃眼，這首歌也是那麼多年前的事情了。對五十歲以上的世代來說，廣島的印象大概就是原子彈，不過，對三十到四十歲世代的華人來說，廣島之戀的美好旋律跟浪漫情境，儼然已經成為大家對廣島印象的代名詞。就連廣島觀光課裡的日本官員也都知道這首歌的效應！

HIROSHIMA
01

宮島嚴島神社

水中的鳥居

廣島縣有個知名的景點，叫作嚴島神社。嚴島神社所在地是在廣島縣近瀨戶內海上的一座小島嶼，名爲宮島。如夢似幻的嚴島神社，只要在海水漲潮時，整座鳥居就會浸入水中的畫面，一直以來是我嚮往的異鄉之一。眞正站在嚴島神社面前，在退潮時走近鳥居，觸摸紅色木柱，那一刻仍覺得挺不眞實。然而看著夕陽的光框起鳥居，呼吸著海水氣息的刹那，我知道我確實站在廣島的宮島了——這座神社名列世界文化遺產的小島嶼。

上島時已是傍晚，來到神社時，恰逢退潮，喜歡玩水的孩子們在鳥居下奔跑著，腳下潺潺的細流，偶有與世無爭的螃蟹爬過。

第二天一早，特地又再訪神社。這時

遊客行走於退潮時的嚴島神社鳥居下；
神社前的參道商店街（左）

候，就是緩緩漲潮的時分了。海水匍匐而來，不一會兒就越過鳥居。鳥居下或還殘留著昨日傍晚的足跡，當然已被海水刷新。大潮時，海水會一路前進到神社裡。神社是架高的建築結構，因此整座神社就會浸在海水之中。走在神社裡作爲聯絡道路的木板小徑上，感覺自然與人，如此親密。

飯勺御守

神社前的參道有許多商店，賣著當地的特產，如包著紅豆餡的楓葉煎餅。不過最出名的，當屬飯勺了。各式各樣的飯勺，展現了廣島的工藝職人技術。飯勺之所以會成爲名物，是因爲在宮島民間傳說裡，用御山的神木做成的飯勺盛飯，會帶來好運。因此木勺子就從宮島起源，成爲廣島的象徵物之一。廣島的棒球後援隊在會場當啦啦隊時，會拿著勺子拍打，典故便出自於此。因爲飯勺是用來盛飯的，而盛飯在日文中叫作meshitori，跟逮捕壞蛋（召し捕り）發音相同，故有著勝利的象徵。

飯勺在嚴島神社裡就有賣，而且是被當作御守一樣的販售。從來沒見過有飯勺的御守吧！可能只有在嚴島神社才有喲。神社賣的飯勺御守不只能祈求好運，還可以眞的拿來使用的。從今以後的每一餐，在盛飯的那一刻，彷彿也被上天庇佑了呢。

宮島 嚴島神社

add　広島県廿日市市宮島町 1-1
open　自由參拜
accese　JR 廣島站搭至 JR 宮島口站，轉乘聯絡船渡輪，即可抵達宮島
web　http://www.sp.itsukushimajinja.jp/index.html

【嚴島神社】

嚴島神社的社殿最早建於西元五九三年，一一六八年由平清盛改造擴建成現今的規模。以紅色爲主調的建築體，前方擁抱著湛藍大海，後方則倚靠著綠山，不僅在日本少見，也是世界上難得的文化寶藏。

推

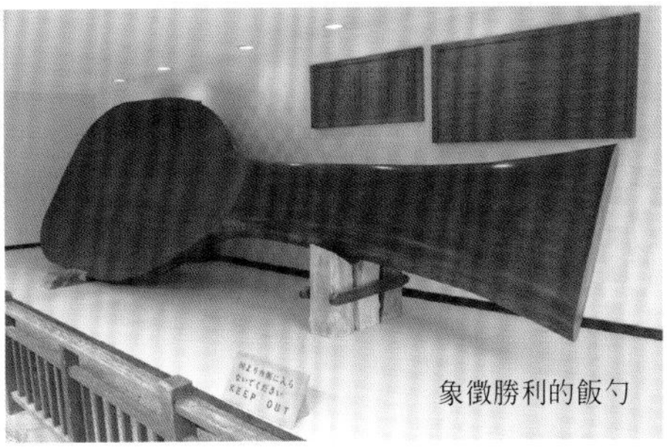

象徵勝利的飯勺

原爆圓頂遺址整體；記錄原爆投下時刻的海報（右上）

HIROSHIMA
02

原爆和平紀念館

走進時光隧道

眾所皆知，廣島和長崎是世界上唯一被原子彈炸過的地方。在原爆和平紀念館園區內，留著當年原爆圓頂的遺址，也就是我們從小到大在教科書上常看到的畫面。當初原子彈就是在這棟殘骸建築的上空引爆的，造成了數以萬計的人員傷亡。戰爭的教訓和悽慘，站在原爆殘骸的面前，迄今依然能夠深深感受到悲慟的力道。

往下走穿過和平公園，便抵達廣島和平紀念資料館。館內有更詳細的文史資料，隨著一件件記錄著二次大戰的血淚史，我跟著一起走進了時光隧道，目睹中國、日本、台灣或更多捲入戰爭的地方，慘絕人寰的犧牲。那些怵目驚心的遺物與照片，以及原子彈爆炸後引發的受害後遺症，再再警示著人類，爭奪、貪念與仇恨的念頭，是多麼邪惡的萬惡淵藪。

HIROSHIMA
03

廣島燒
amanjaku

別叫我大阪燒！

台灣人在翻譯的習慣上，常把日本的「お好み焼き」（什錦燒）統稱爲大阪燒，以前連「文字燒」也算在這個行列，後來才漸漸脫隊。其實什錦燒的種類很多，大阪燒只是其中一種。記得剛來到日本時，曾跟出身廣島的朋友聊起大阪燒，顯然他們很不服氣，認爲廣島燒有自己的面貌，並不想跟大阪燒做親戚！

事實上在台灣很少能吃到血統純正的廣島燒，所以也不能怪我們搞不清楚啦（後來發現東京人也搞不清楚有啥差別）。既然來到廣島，當然要一嚐百分百的廣島燒囉！

若想吃到正宗廣島燒，在市區內可以到一處名爲「御好村」（お好み村）的地方。「御好村」位於一棟名爲「廣島新天地」的大樓內，一口氣聚集了約24間御好燒店家，一直以來就是當地人熟悉的老地方，近年來成爲國外觀光客的熱門去處。依人喜好，每家各有特色，挑一間投你緣的試試看吧！

廣島燒的作法不似大阪燒墊著厚實的麵皮，而是在食材上鋪上一層像是可麗餅一樣的薄薄麵皮，最大的特色是用蕎麥麵或烏龍（也可混合）一起炒，最後再放上喜歡的佐料，比如蔥花或煎蛋。這樣的廣島燒是滿好吃的，不過吃完以後，心底的謎之音卻是：啊，這跟炒麵有什麼不同呢？（笑）

正統廣島燒 推

廣島和平資料館（広島平和資料館）

add 広島市中区中島町1-2
open 3月至11月8：30～18：00（8月至19：00）
12月至2月8:30～17：00
close 年末年始12月29日至1月1日
accese 市電（路面電車）往宮島口・江波方向，在「原爆ドーム前」下車
web http://www.pcf.city.hiroshima.jp

御好村（お好み村）

add 広島県広島市中区新天地5-13
open 各店不一
accese 廣島電鐵（路面電車）「八丁堀」站下車
web http://www.okonomimura.jp

YAMAGUCHI

山口

山口的時與光

「下町老城
是傳統祭建築的保護區。
走在石牆街坊之中，
在湛藍的天空下，
寧靜的街道裡，別有風情。」

交通資訊

新幹線・電車

▶行駛路線：

新大阪 —山陽新幹線→ 新山口 —JR山口線→ 山口

行駛時間　2小時44分鐘

▶票券購買：

① JR PASS（外國觀光客可利用）

詳細購買、價格與使用方式，請參考官方網站
http：//www.japanrailpass.net/zh/zh001.html

② 當地JR車站購買山口線電車票

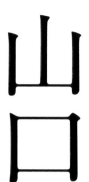

提到山口縣，日本朋友曾告訴我，大概所有的日本人都知道山口縣最有名的地方，就是小時候地理教科書裡提到的日本最大喀斯特地形高原「秋吉台」，以及高原下的東洋第一大鐘乳石洞「秋芳洞」。除此之外，山口縣裡的「荻」，由江戶屋街、菊屋街和伊勢屋街構成的下町老城，也是名聞遐邇的文化保護區。

YAMAGUCHI
01

秋吉台與秋芳洞

時光的力量

這一天，我們也踏進了教科書裡的一頁。秋吉台的地形相當特殊，大約是在三億年前，原本在海底的珊瑚礁因爲板塊移動而被擠壓成山，又經過雨水侵蝕以後所造成的地形。這些布滿在高原上的石灰岩坑與岩柱，形狀都十分詭譎，因此有人暱稱像是月球表面。

覆蓋著植物的高原，在四季變化中呈現出迥異色澤。從展望台一望而下，岩石改變著表情，訴說著時光的力量。

這些山坡眞的都曾經在海底嗎？我不禁想像那發生的瞬間，天地是如何變色。我們讚賞的大自然中，每一個地形的奇蹟，其實都是殘酷的換取。

秋芳洞

在秋吉台下方約一百多公尺，是號稱東洋第一大鐘乳石洞的秋芳洞。經過約三十萬年（！）以上的地下水侵蝕，形成了達十公里左右的洞窟，如今將其中約一公里的路段開放成觀光地。

從入口的瀑布面前，就開始感覺到氣溫一變，炎熱的夏季，在這裡像是突然被阻隔似的，從洞窟裡傳來陣陣的涼風。眞正走進洞窟裡，大約只有十七度，對比戶外的炙熱，簡直像是走進冷氣房裡，突然獲得了拯救。

秋吉台展望台眺望特殊岩石地景

秋吉台・秋芳洞

add　山口県美祢市秋芳町秋吉台山
（秋芳洞：美祢市秋芳町秋吉3506-2）

open　自由進出
（秋芳洞入洞時間爲8：30～16：30）

accese　JR新山口駅搭巴士至秋芳洞
車程約43分鐘，步行30分鐘可抵達

web　http://www.karusuto.com

秋芳洞入口處瀑布；秋芳洞梯田般的鐘乳石（右）

YAMAGUCHI 02

萩城

保留傳統建築的古城

山口縣裡的萩市，在十七世紀就建立了，一直到十九世紀都是山口縣的政治中心。對日本人來說熟悉的歷史人物，像是伊藤博文、高杉晉作等人都曾在這一帶活動，如今，這裡還保留了一些關於他們的歷史遺址和建築。

江戶屋街、菊屋街和伊勢屋街構成的下町老城，是傳統祭建築的保護區。走在石牆街坊之中，在湛藍的天空下，寧靜的街道裡，別有風情。若能在此投宿一夜，或許在夏天，將巧遇一場夏日祭典，更能體會萩市的鄉間風情。

趁著日落前來到岸邊看夕陽，是當地人推薦的行程，也是居民驕傲的天然風景。火紅的昏暮染紅天際，果然美麗且壯觀。

歷史更迭，地形改變，拉開時間來看，沒有事情是不會改變的。此刻眼前所看見的山口縣夕陽，千百年前也許有著不同的色澤。忽然，幾個少年帶著爆竹花火來到岸邊，笑聲中歡欣地放起盛夏的煙花。遠方海面上粼粼波光與少年的身上，都閃起了同樣爍亮的光。

萩城

add 山口県萩市萩城城下町

accese 從JR「新山口站」乘坐巴士到萩巴士中心，車程約1小時25分鐘

web http://www.visit-jy.com/zh-tw/spots/14354

單車漫遊下町老城；山口縣夕陽（右）；
夏日祭典神轎入場（上圖左）；松陰神社鳥居（上圖右）

SHIMANE

島根

愛情能量之地NO.1

「在愛情將來而未來，
只冀求遇見愛的氣氛裡，
那一刻，或許才是
最靠近毫無雜質、純粹的，
愛的刹那。」

交通資訊

電車

▶行駛路線：

岡山 —JR特急やくも→ 出雲市

行駛時間　2小時59分鐘

▶票券購買：

① JR PASS（外國觀光客可利用）

詳細購買、價格與使用方式，請參考官方網站
http：//www.japanrailpass.net/zh/zh001.html

② 當地JR車站購買特急やくも

島根縣最出名的景點，莫過於出雲市的出雲大社了。這個在日本眾多的戀愛神社當中，被日本人號稱最靈驗的能量之地，吸引來自各地絡繹不絕的遊客，每一年超過兩百萬人前來。每個人攜帶著各式各樣的情愛願望，在神明面前默禱著，在這裡拼湊出一張看不見、也摸不著的愛情地圖。

SHIMANE 01

出雲大社

神在，神無

出雲象徵的意義，是眾神從這裡出發的意味。每年農曆十月，會在出雲大社舉辦迎接全國神明的「神在祭」，因爲眾神齊聚一堂，故只有在出雲地區會稱本月份爲「神在月」，而出雲以外的地方則叫作「神無月」。

出雲大社的主祭神是結良緣和姻緣的大國主神。姑且不論靈驗與否，出雲大社光是在神社的建築上，就值得前來參訪一番。本殿的造型，號稱是日本最古老的「大社建造」之神社建築形式，已經成爲國寶財產。在本殿的廊下掛著一串厚重的稻草繩，稱爲「注連繩」，重達五噸，是日本神社裡最重的注連繩。

在出雲大社的參拜方式跟其他的神社不同。在「二禮、四拍手、一禮」的程序中，比一般神社多了兩次擊掌，成爲

出雲大社本殿；出雲大社樹林步道（左）

出雲大社的獨有特色。

無論是否愛過或者被愛，之所以會站在出雲大社前祈求因緣的，畢竟都是相信愛情的人吧。我尾隨著眾人排隊，在大神前虔誠地擊掌祈禱。忽然感覺，在愛情將來而未來，只冀求遇見愛的氣氛裡，那一刻，或許才是最靠近毫無雜質、純粹的，愛的刹那。

出雲大社附近的名產是蕎麥麵。這裡賣的蕎麥麵，最特別的是三盤一組的形式。吃法是先將佐料跟醬汁，倒進疊起來最上層的蕎麥麵裡。第一段吃完以後，將盤子裡留下的醬汁倒進第二段的盤子裡，以此類推。出雲蕎麥的口感十分清爽扎實，參拜完神社以後，幾乎所有遊客都會在挑間餐館，小憩一番，品嚐特產。

當地蕎麥麵的特殊吃法

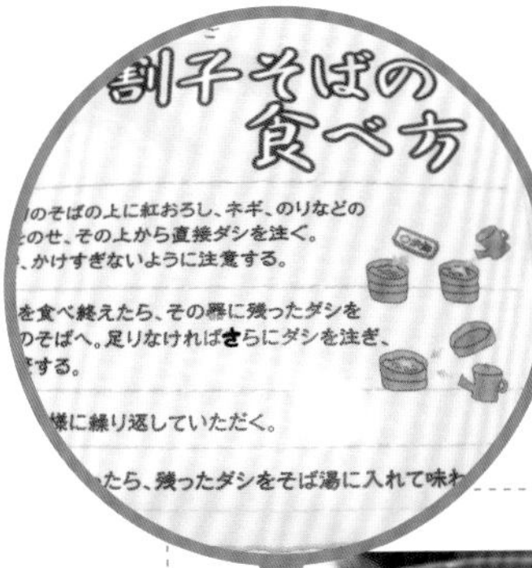

出雲大社名產蕎麥麵

出雲大社

add 島根県出雲市大社町杵築東195
open 自由參拜（詢問處8：30～17：00）
accese 從JR松江市→（JR山陰本線）→出雲市→出雲大社 站前1號巴士站搭乘巴士（一畑バス，往出雲大社方向）班距為半小時一班
web http://www.izumooyashiro.or.jp/

居酒屋「根」特製鄉土料理；碳烤鮮魚（右）

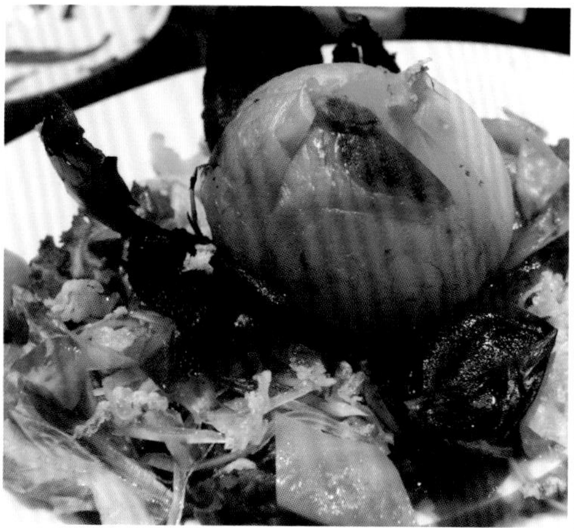

SHIMANE 02

居酒屋「根」

島根鄉土美味

在松江車站前有一家居酒屋，雖然是連鎖店，不過料理的品質不似中央廚房的粗食，口感十分精緻，帶著家庭感並融合創作料理的精神，早已成爲當地人極爲推薦的鄉土料理好去處。

這間名爲「根」的居酒屋，在漁產類的料理上特別拿手。台灣人熟悉的蛤蜊湯，是當家自豪的菜色之一。比起台灣的料理方式，湯汁中多了一點鮮魚的濃厚口感。車站附近的餐館多到不行，可是每到傍晚用餐時分，「根」仍然門庭若市，因爲不僅當地人喜歡前來在此小聚一番，也川流不息著慕名前來、如我一般的遠方遊客。

美食當前，飽足一餐，那種從身體裡到靈魂所發出的幸福，好似比出雲大社前祈求的愛情還更爲踏實。是的，如果愛情在未來，那麼至少我們能做到、也該做的是，來一餐飽滿身心的美食。

推 人氣料理蛤蜊湯

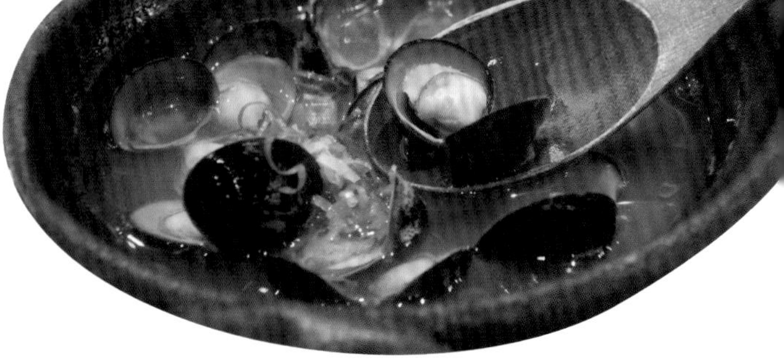

居酒屋「根」（根っこ）

add 島根県松江市朝日町452

open 11：00～14：00／17：00～22：30

access 松江市站前

web http://www.nekkogroup.com

SHIMANE
03

石見銀山

老街魅力

島根縣的觀光勝地，是登錄於世界遺產的石見銀山。二〇〇七年石見銀山在聯合國認定下成爲世界遺產，而其實這裡作爲銀礦山的開發，早在四百年前就開啓了它的歷史。

石見銀山腹地廣大，全部逛完可能太累，建議分成兩大區域。一個是龍源寺坑道，另一個是大森町傳統街道。逛完這兩區，差不多也把石見銀山的重點看到了。

到龍源寺坑道，可以在公車下車處的「銀山公園」租賃腳踏車。走路的話可能有點辛苦，租一輛腳踏車比較恰當。邊騎邊看風景，畢竟也是享受。普通腳踏車三小時五〇〇日幣；電動腳踏車兩小時七〇〇日幣。參觀完龍源寺坑道以後，腳踏車騎回銀山公園，把車還了之後就可進行另外一區「大森町傳統街道」的探訪。

我喜歡石見銀山的傳統街道，更勝於龍源寺坑道，因爲這裡的老街建築眞的極具風情；不只如此，沿途開設的咖啡館和店家也充滿了優雅的魅力。在傳統街道區裡的商店前，發現許多可愛的小東西。比如掛在屋簷下的風鈴，在炎熱的氣溫裡聽見玻璃撞擊的聲音，眞的會有種沁涼的感覺。

還有長得很特別的可口可樂小冰箱，上面放著「說英語也通」的小黑板；以及賣明治玻璃瓶牛乳和咖啡牛乳的老式販賣機，投了錢以後，自己把冰箱門打開拿飲料。最後我買了一個用大山牛乳製造的咖啡冰淇淋，是只有當地才有賣的限定品。在汗水直冒的這個早晨，吃下可口的冰淇淋，冰鎮以後，又有精神準備出發到下一站啦！

石見銀山世界遺產中心

add　島根県大田市大森町イ 1597-3
access　出雲市站搭乘「山陰本線」至大田市站轉乘公車（大田市站 → 石見銀山遺跡方向）至石見銀山
web　http://ginzan.city.ohda.lg.jp

石見銀山日式傳統街道；商店街屋簷下的風鈴（上）

推　以大山牛乳製造的咖啡冰淇淋

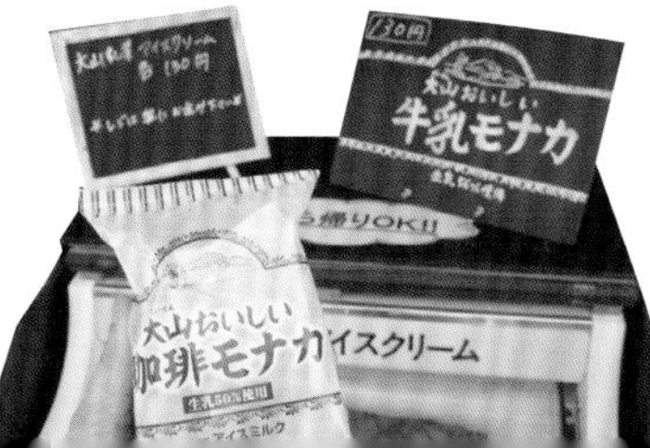

TOTTORI

鳥取

砂丘與咖哩

「光和陰影皺摺在沙紋裡，
那樣有規則的
如同等高線排列著，
像是混亂之後，
終於整理好的一片情緒。」

交通資訊

電車 JR特急スーパーはくと

▶行駛路線：

大阪 → 鳥取

行駛時間　2小時27分鐘

▶票券購買：

① JR PASS（外國觀光客可利用）

詳細購買、價格與使用方式，請參考官方網站
http://www.japanrailpass.net/zh/zh001.html

② 當地JR車站購買特急車票

緊鄰日本海並倚靠著高山，鳥取縣也和中國的其他地區一樣，坐擁許多豐富的自然景觀。知名的二十世紀梨產於鳥取，來自日本海的海鮮也是當地特色之一。而對日本人來說，只要提到鳥取，就會立刻聯想到「砂丘」，當然也就要去一探究竟囉！

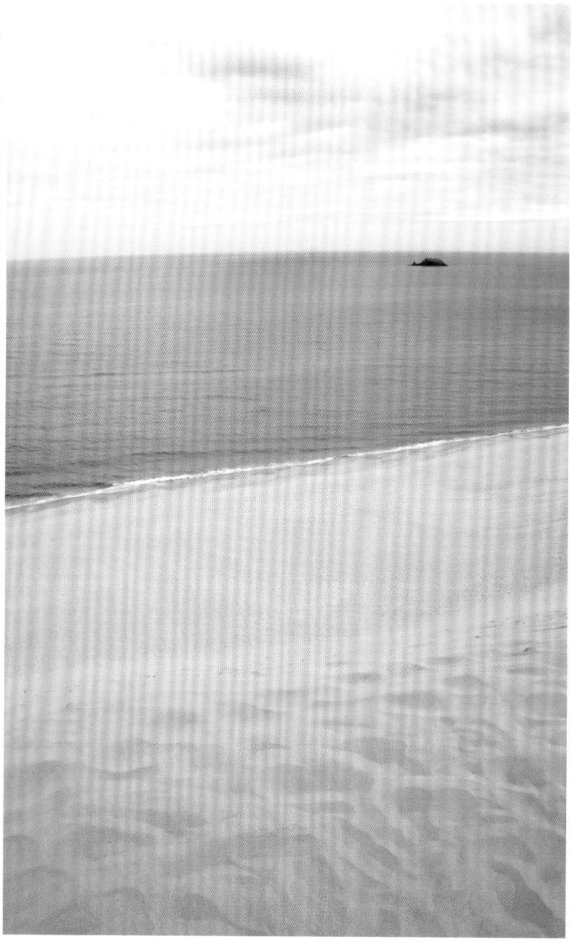

沙如時光，都無法停格；
砂丘與大海一氣呵成（右）；
人類總有滑行的欲望，無論是雪還是沙（下）

砂丘

add　鳥取県鳥取市浜坂
accese　鳥取站前搭乘路線巴士
（往鳥取沙丘方向）
約20分鐘可抵達鳥取沙丘
班距爲15至30分鐘
web　http://www.torican.jp/sandhill

TOTTORI 01

砂丘

光和陰影皺摺在沙紋裡

很難想像在日本能看到一片沙漠的景象，而且特別的是這片沙漠的遠方就是海洋。沙漠與海洋這兩樣東西同時映入眼簾，恐怕是在其他眞正的沙漠地帶，不可能出現的景致。

建議來到砂丘的時間是一大早，因爲這時候的觀光客還不多，砂丘仍保持著一整晚風吹出來的完美沙紋。此外則是夕陽時分，火紅的夕照從遠方的海面，綿延到砂丘上來，光和陰影皺摺在沙紋裡，那樣有規則的如同等高線排列著，像是混亂之後，終於整理好的一片情緒。

TOTTORI
02
鳥取市

全國咖哩食量冠軍縣

即便是鳥取市區最繁華的站前商店街，仍有一點郊區小鎮的感覺，不過很難想像就在這裡的小巷弄之間，藏著一間可愛的咖啡館Cafe-nee。其精緻的程度，就算是放在東京的下北澤或原宿巷道裡亦毫不遜色。

鳥取縣一整年吃掉的咖哩量是日本之冠。既然如此，一定能在鳥取找到好吃的咖哩飯店囉！果不其然，Cafe-nee販售的咖哩十分好吃。以蝦和干貝爲主要食材，添加椰味的泰式咖哩吃來十分爽口。其他推薦的自然是當家咖啡及各式甜點。在二樓的坐席中，有一排是靠窗的長條櫃台式座位，可以一邊看著窗外一邊吃飯，是一個人來時的VIP座位。

一樓收銀台後方是專賣外帶糕點的櫃台。看見櫥窗裡有好多可口的甜點，可惜時間跟胃都不夠了，只能等待有緣下次再訪時才能好好品嚐了。

Cafe-nee
add 鳥取県鳥取市瓦町409 ／ close 11：30～22：00
accese 鳥取站前 ／ web http://www.cafe-nee.com

藏身於巷弄中的Cafe-nee入口；單人靠窗長條櫃台式座位（上）；兩人座位區（下）

椰味泰式咖哩飯 推

九州的小京都

「乘著可愛的
海幸山幸觀光列車，
倚著窗，任憑窗外風景游移。
未知的下一站，
又會有什麼驚喜，
等著我去探尋？」

MIYAZAKI

宮崎

交通資訊

① 飛機

▶行駛路線：

羽田機場 → 宮崎機場

飛行時間 1小時30分鐘

② JR特急にちりん

▶行駛路線：

宮崎機場 → 宮崎站

行駛時間 8分鐘

▶票券購買：

JR PASS（外國觀光客可利用）

詳細購買、價格與使用方式，請參考官方網站
http://www.japanrailpass.net/zh/zh001.html

至宮崎無新幹線，故購買JR PASS是否划算，應多加評估。可搭乘一般JR鐵道的電車

飛機降落宮崎機場。在領行李的轉盤邊，心底還在想著，宮崎縣究竟是個什麼樣的地方呢？卻突然被行李輸送帶上跑出來的東西給嚇了一跳。沒錯，竟然跑出一盤宮崎牛肉。原來，為了宣傳本地特產，機場的行李輸送帶上，會不時跑出當地名產的模型。這真是個好點子，畢竟，每個人都會盯著運輸帶看自己的行李出來了沒，因此要不注意到這些廣告也難。

藍天、青海與日光，還有皮膚上感受到微微的熱感，是我步出宮崎機場接觸到室外時，對九州宮崎縣的第一印象。第一次來到九州，當然也是首次到訪宮崎，對於宮崎的印象只停留在好吃的地雞料理跟日本少見的國產芒果。事實上，宮崎縣當然不只如此。倘若只在宮崎縣停泊一夜的旅程計畫，那麼推薦本地兩大必遊景點：一個是位於日南海岸的青島神社，另一個是飫肥城下町散步。

MIYAZAKI
01

日南海岸青島神社

戀愛成就的聖域

從羽田機場到宮崎機場約一小時五十分航程，從大阪伊丹機場出發則需一小時五分鐘。接著，再從宮崎機場搭乘JR宮崎機場線、JR日南縣約二十四分鐘，就可抵達青島站。

所謂的日南海岸，是指從宮崎機場到日南，國道220號這沿岸一帶的海岸線。因爲臨著太平洋海岸，沿路又種滿了高聳的椰子樹，所以在陽光當好的天氣裡，搭車經過此地，總有到了沖繩或東南亞海岸的錯覺。

青島神社在日南海岸上延伸出去的一個小島，圓周長度只有一．五公里。抵達神社，必須先穿越一條由碎貝殼跟石階交織而成的河床，而這條路，就像是海上的參道，通向神的境界。

這條布滿在島周圍、特殊的波狀隆起地形，被稱作「鬼的洗衣板」。原來在宮崎縣流傳的神話中，曾傳說這裡奇怪的環境像是鬼怪會用來洗滌衣物的地

「鬼的洗衣板」河床路

即將放入水中的「玉之井」祈福願紙

青島神社入口鳥居

神社內包羅萬象的祈福願紙

方。鬼的形象萬千百種，但我怎麼也沒想過，原來鬼也是要洗衣服的啊（笑），眞是可愛的傳說。站在「鬼的洗衣板」上，想像著再怎麼恐怖的鬼怪，在這裡乖乖洗衣服時，恐怕也都會變成溫馴的小學生吧。

江戶時代的青島神社，是禁止一般人進入的聖地，由於這裡祭祀的是大和民族的日向神話裡，結成姻緣連理的山幸彥和豐玉姬夫婦，因此本地就成爲祈求姻緣和「戀愛成就」的能量之地。現在日本五十歲以上的長輩，特別是住在關西的人，過去蜜月旅行時特別喜歡到溢滿南國風情的日南海岸，當然也不會錯過祈求姻緣長久的青島神社。

青島神社

add　宮崎県宮崎市
青島2丁目13番1号
open　8：00～17：00（祈願所）
access　JR「日南線青島」站下車
徒步約10分里
web　http://www.miyazaki-city.tourism.or.jp/tcn/sightseeing/spcat01/spot04.html

青島神社的本殿後面，還有一座隱藏在小樹林裡的小神社，稱爲「元宮」。「元」指的是「本來」的意思，因爲這個小屋子的所在地，是青島神社本來的宮殿所在地。傳說這個原來的神社基地擁有更強的能量，甚至贏得「最強POWER」的美譽。所以，拜完本殿以後，別忘記也穿越小樹林，來元宮吸收一下超強能量吧！

在青島神社本殿的入口外，還發現了另外一個有趣的小廟。這個稱爲「海積の祓い」的小廟是用了「玉之井」的水，讓祈願的人，將心願寫在人形的符紙上（一張日幣一〇〇圓），然後對著嘴巴吹一下氣，再將符紙放進水裡。等到紙張融在水裡時，就代表寫在上面的願望會成眞。

青島神社裡販售的御守護身符種類繁多，也是我在日本少見的景況。幾乎你能想到想要保佑的事情，都可以在這裡找到相對應的御守。御守到底能不能夠保佑願望成眞，當然是見仁見智了。不過，在神明面前集中精神，默念自己想要達到的願望，然後攜帶著御守回家，每當看見御守時，就能想到自己曾經許下的願望，或許也就達到了念茲在茲的功效。

再遠的願望，只要記著，時常想起，縱使尚未實現，也已經在腦海裡有了一張導引的地圖。

青島神社販售的五臟六腑御守、心想事成御守、商運亨通御守（由上至下）

MIYAZAKI 02

Kodama Gallery

宮崎縣名產肉料理美味

除了小吃或甜點，如果想吃宮崎日南海岸的美食，應該去哪裡呢？就在飫肥下町裡，有一間複合式空間的日式餐館Kodama Gallery，可以品嚐到近來以日南海岸的鰹魚醬燒肉（日南一本釣りカツオ炙り重）聞名的美味料理。

這道宮崎縣美食採用當地新鮮食材，將肉片沾上兩種獨特醬汁：鰹魚基底的醬油、胡麻醬汁。首先將未經烹飪的新鮮肉片沾上醬汁直接食用，感受最基礎且新鮮的味覺。第二種吃法是將肉片放到爐台上燒烤，當然醬汁也不可少。最後一種吃法是茶泡飯，將烤好的肉片混進熱茶一起品味，享受湯汁的香味。

Kodama Gallery不只料理美味，建築也盈滿懷古風情。擁有一百二十年歷史的屋齡，改建於明治時代的商舖，處處可見光陰滲透的雋永痕跡。細看角落，還能發現當年經商時留下來的物件。除了餐館跟喫茶處，這裡還闢出了展覽空間，定期展示藝術品，讓Kodama Gallery化身爲多樣化的複合式空間。

目前爲第九代經營的小玉夫婦，以一顆炙熱的心迎接每一位客人。特別是同爲料理長的女主人小玉千津子女士，個性相當開朗。知道我是從台灣人以後，開心的與我分享在她身邊所認識的台灣朋友，大家相約要去台灣玩的事。

其實我只是個萍水相逢的陌生人，甚至還是個外國人，但能夠如此眞誠的與陌生客人話家常的餐館老闆，我想，當他們在廚房烹飪之際，一定也是抱著「做菜給朋友吃」的心態吧。於是，我們所感受到的食物美味，還包含了他們的熱忱。

現烤鰹魚醬燒肉

Kodama Gallery
（ギャラリーこだま）
add 宮崎県日南市飫肥8-1-1
open 11：30～14：00
close 週二（逢假日營業）
access JR宮崎站搭乘JR日南線約70分鐘可抵達飫肥
web http://www.icchaga.net/aburi/tenpo/kodama.html

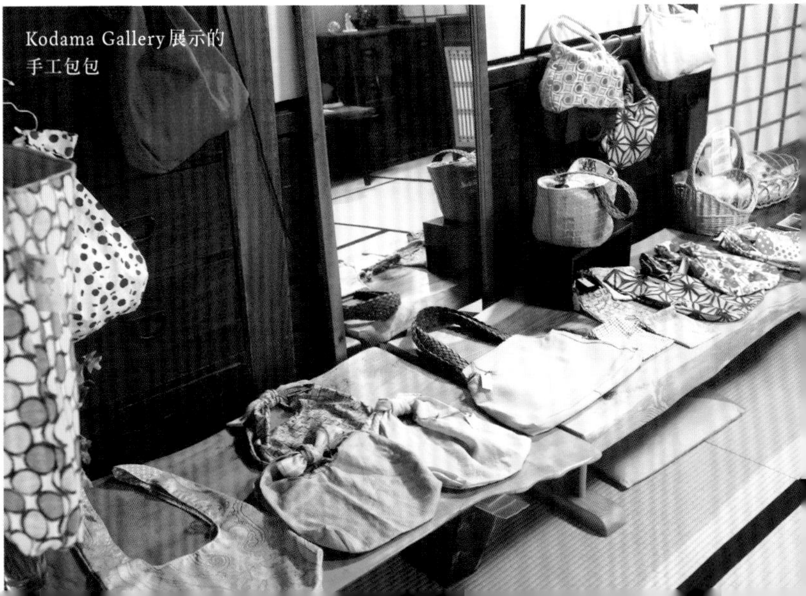

Kodama Gallery展示的手工包包

MIYAZAKI
03

飫肥城

九州・小京都

素有「九州・小京都」美譽的飫肥城，是一處充滿歷史文化風情，並且隨處都能吃到美味小吃的下町老街。我從來不知道原來宮崎縣內藏有這樣的地方，翻開出發前從羽田機場買來的九州日文導遊書，居然也漏掉了這裡。甚至跟身邊的日本朋友提起時，眾人也驚呼原來有這樣的世外桃源。

一看到飫（發音同「玉」）肥這個地名時，老實說，真覺得字面上充滿喜感，而且還未實際去到，就已經能夠想見，此地必爲豐饒之地。因爲飫肥的飫，本來就是飽足、飽食的意思。在《紅樓夢》第一回提過「錦衣紈褲之時，飫甘饜肥之日」這句話，當中的飫肥兩字，意思就是飽足著甘甜又豐盛的美食。果不其然，宮崎縣的飫肥，就是個物產豐榮，得以邊散步邊享受小食的可愛下町。

從宮崎站搭乘JR日南線，約七十分鐘可抵達飫肥。飫肥城下町距離飫肥站還有一小段距離，搭計程車前往比較方便，費用也不高（車資比東京便宜）。至於到了飫肥城以後，記得先到「飫肥城觀光案內所」（觀光停車場旁）或「飫肥城歷史資料館」等地，購買附有飲食免費兌換券的通票。

這份「邊走邊吃，飫肥走透透」散策地圖附門票暨飲食交換券，可說相當划算。依照參觀景點的多寡，有兩種面額，分別是日幣八〇〇圓跟日幣一三〇〇圓。有了這份地圖，除了可以進入各個資料展覽館，更棒的是還可以在各個參觀景點免費兌換當地美味特色小吃！而且東西都給得很有誠意喲！（詳見http://www.kankou-nichinan.jp/event/expertyear/post-14.html）

飫肥城的名產之一是以魚漿爲基底的天婦羅，稱爲「飫肥天」（おび天）。

而我最喜歡的是飫肥的「厚燒」，也就是厚片玉子燒。在這間「間瀨田厚燒本家」賣的厚燒，吃起來充滿彈性，甜美可口，而且蛋味香得非常優雅。老實說，如果沒有人跟我說這是玉子燒，我真會以爲這是布丁呢！

在飫肥城散策地圖裡的眾多景點中，我特別想推薦的是飫肥城大手門、舊本丸跡、幸福杉木、歷史資料館、商家資料館和鯉魚游泳這幾個地方。踏入飫肥城大手門以後，可以感受從石階與磚瓦間飄散出來濃郁的歷史氣味。散步到後方的歷史資料館，則可以看到許多關於飫肥城的珍貴資料，都收藏於此。

飫肥

access 從JR宮崎站搭乘JR日南線約70分鐘可抵達飫肥

web http://obijyo.com

這一帶我喜歡的兩個地方，是叫作舊本丸跡和幸福杉樹的所在。舊本丸跡是由一叢樹齡高達一百四十年的杉木所圍成的綠地。這綠地可不只是個形容詞，因爲這裡布滿了綠苔，就像一面巨大的天然地毯。站在這，再煩躁的情緒也能立刻平靜下來。因此，這裡常被譽爲「療癒森林」，甚至還有不少年輕人會來這裡練習瑜伽呢。

幸福杉木則是由四棵巨大的杉樹，以對角的方式組合而成的區域。據說，只要站在四棵杉木對角線交叉的中央，就能獲得願望的實現與心靈的能量。所以，這裡也成爲當地人流傳的「能量之地」。說起來，日本人眞的很愛能量之地啊，而且只要被認定爲能量之地的景點，觀光客確實都特別多。其實，不管到底是否眞能獲得神奇的力量，能夠多多接觸大自然，心靈能量必然也就會提高了吧。

忽然，迎面而來幾個剛下課的小學生，向我大聲打了招呼：「你好！」他們臉上堆著笑意，稀鬆平常的問候，反而令住慣冷漠都會的我嚇了一跳了。隨行的導遊志工說，不論是認識的人或者陌生人，飫肥城的孩子們一定會在街上跟人打招呼。

飫肥城的街道上，闢出了流放鯉魚的小水溝，是我鍾愛的小風景。沿著水溝，放慢腳步，陪著泅泳的鯉魚走一小段路吧！藍天的光影倒映在流水之中，鯉魚靜好的向前游著，不疾不徐的速度，讓人感覺這才應該是世界運轉的優雅速度。

工作人員手持飫肥城散策地圖menu

推

「間瀨田厚燒本家」販售的厚燒

MIYAZAKI
04

軍雞隱藏

品嚐宮崎地雞人氣店的美味

宮崎的名物之一，就是宮崎地雞了。所謂地雞，就是我們說的山雞，完全是以最健康的方式土生土長的雞種，不以飼料豢養，因此擁有最天然的美味。

想吃道地又精緻的宮崎雞，推薦一間宮崎市內的人氣地雞炭烤名店，名爲軍雞隱藏（ぐんけい隱藏）。這間店使用直營農場的宮崎地頭雞，保證新鮮品質，並利用炭烤的方式，烤出雞肉濃厚的美味食感。炭火燒烤的宮崎雞肉，口感特別彈牙，表皮因爲燒烤有著一層薄薄的焦味，但隨著牙齒咬陷進雞肉，香醇的雞肉香氣就立刻從齒縫之間躍出。吃炭烤雞時，搭配宮崎縣出名的調味料「柚子胡椒」更能帶出口味的層次。除了招牌菜色炭烤雞肉，雞肉套餐裡尚有其他各種以雞肉料理的菜色，包括雞肉沙西米、雞肉沙拉、炸雞塊、手捏雞肉丸子、炸雞翅等豐盛全餐。

我在東京吃過宮崎地雞專門連鎖店，但果然還是到了宮崎縣本地吃，更能吃出宮崎地雞聞名的美味道理。喜歡吃雞肉料理的人，來到宮崎絕對不能錯過大啖宮崎地雞的好機會。而且比起東京的店家，價格眞的便宜很多！

ぐんけい隱藏（軍雞隱藏）
add 宮崎県宮崎市中央通8-12
open 17：00～24：00
close 不定休
access JR宮崎站徒步約20分鐘，或搭宮崎交通巴士至「橘通2丁目」下車，徒步5分鐘
web http://www.gunkei.jp/restaurant/info-kakushigura/

雞肉沙拉；手捏雞肉丸子；招牌炭烤雞肉（由上至下）

日南線觀光特急「海幸山幸」

access 宮崎站～南鄉站之間行駛
基本上只在週末、日本國定假日和暑假行駛

web http://www.jrkyushu.co.jp/chinese/train/umisachiyamasachi.html

MIYAZAKI
05

海幸山幸號觀光列車

山幸海幸列車乘車票券（左）；
山幸海幸列車內部（右）

從神話裡走出來的列車

「海幸山幸」是JR九州鐵道在宮崎站到南鄉站之間運行的觀光列車，如此美麗的名字，取自以南九州爲背景的日本神話故事裡的山幸彥與海幸彥，讓這列奔馳於大自然之中的列車，更增添不少氣氛。

海幸山幸號車廂採用木頭質感來設計，從外觀到內裝，都有著極簡且優雅的氣質。特別喜歡白色車廂上，運用黑色、紅色與白色的字體及LOGO所架構出來的視覺感。車廂內舒爽的木質裝潢，簡直讓人以爲走進無印良品的火車裡了。

乘著可愛的海幸山幸，倚著窗，任憑窗外風景游移。未知的下一站，又會有什麼驚喜，等著我去探尋？

【山幸彥與海幸彥神話】

山幸彥與海幸彥是一對兄弟，出自日本神話《記紀》。山幸彥擅長打獵，海幸彥擅長釣魚，傳說誕生地爲宮崎平野。山幸海幸的一部分故事，也是民間傳說「浦島太郎」的原型。

九州

KAGOSHIMA

鹿兒島

與活火山比鄰而居的默契

「人可以改變環境，
環境也足以改變一個人。
然而，在我們心底深處，
從味覺認同鄉土的那份執著，
將一輩子根深柢固。」

交通資訊

●鹿兒島 → 九州新幹線

▶行駛路線：

博多 → 鹿兒島中央　行駛時間　1小時42分鐘

●櫻島 → 渡輪

▶行駛路線：

櫻島棧橋渡輪口 → 櫻島

從鹿兒島中央站前，搭乘巴士至水族館前（櫻島棧橋渡輪口）下車。或從JR鹿兒島站下車，徒步7分鐘到達渡輪口。轉乘渡輪至櫻島。

▶票券購買：

① JR PASS（外國觀光客可利用）

詳細購買、價格與使用方式，請參考官方網站
http://www.japanrailpass.net/zh/zh001.html

② 櫻島周遊巴士（可到櫻島主要景點）

http://www.kagoshima-kankou.com/tw/whatsnew/2011/11/-sakurajima-island-view.html

鹿兒島，光是聽名字就覺得充滿畫面感的神祕地方，是一處展現日本大和民族與自然共存共生的絕佳代表。例如最具觀光號召力的櫻島地區，是世界上少有得以近距離觀賞活火山的地區。

從鹿兒島市中心搭乘渡輪，約十五分鐘即可抵達。在鹿兒島的櫻島，不僅可以欣賞自然景觀，還能享受泡湯的樂趣。

KAGO SHIMA

01

櫻島

與活火山共存的默契

櫻島本來眞的是一座島嶼，一九一四年的一場火山噴發以後，熔岩才將島嶼跟大隅半島連在一起。雖然如此，如今前往櫻島，仍以搭乘渡輪最爲方便。這座活火山海拔約一一一七公尺，直徑約五十公里，以南岳和北岳組成。現在經常會看見噴發煙霧的是南岳，幾乎每天都有三次左右的小噴煙。稍微「幸運」一點，則可以目睹較濃的煙霧噴發。

以電影《無人知曉的夏日清晨》聞名的導演是枝裕和，在近作《奇蹟》中，讓我印象最深刻的，就是住在鹿兒島的孩子，老是會畫出櫻島噴火的圖畫，並且問大人：「眞搞不懂爲什麼要跟火山住一起？」因此，在櫻島的街道上，不僅隨處能見到防災壕溝，所有上下學的小朋友也規定要戴鋼盔。那已經成爲生

活的一部分了。

鹿兒島當地人早就習慣櫻島的火山噴發。對於觀光客的我們來說，看到火山口冒出濃濃的煙霧，總有點擔心。不過，當地人告訴我，現在多半只是些小噴煙而已。即使眞的有大的噴發，岩漿從山頂到山腳的速度，差不多也要花上一天的時間，因此絕對來得及做好各種準備。

觀察今天噴發的煙霧往哪裡飄，是他們一天最初的反應。由此得知今天放學或下班回到家裡，是不是得清理屋子裡外落下的火山灰。甚至有不少鹿兒島人在火山噴發的那一刻會與朋友打賭，像是遊戲似的，猜一猜，今天的煙霧是往哪個方向飛。

我們眼中險峻的生存環境，應該遠離爲上策，但在鹿兒島人心中，他們卻選擇跟自然共處。他們不願離開，離開一個不可替代的原鄉。他們靠著一代代流傳的經驗法則，摸索到跟這座火山共存的默契，比科學觀測更爲準確。他們清楚知道如何利用火山地質，研發並栽培出恰當合宜的農作物，也知道利用火山帶來的溫泉，開拓生活的享受。這不就是所謂的人與自然的天人合一嗎？

在櫻島的旅遊中心可以認識櫻島的歷史，朝旅遊中心對面的錦江灣國家公園裡走去，則有一座號稱日本最大的戶外足湯。一邊享受溫泉，一邊看著遠方火山的噴霧景致，恐怕是世界上獨一無二的體驗。

此外，遊櫻島還可以利用「櫻島周遊巴士」。以櫻島港爲起訖站，途經火之島惠館、彩虹櫻島飯店、遊客中心、展望所等景點，一周約六十分鐘。

櫻島周遊巴士

open 9：30～16：30
每天約八個班次運行
cost 120～440日幣
一日券為500日幣
web http://www.kagoshima-kankou.com/tw/highlights/spcial_sakurajima/access2/

沒有鹿也不是島

二〇一二年三月底開放鹿兒島航線以後，只要一個半小時，就可以從台北直飛鹿兒島了。不過，鹿兒島沒有鹿，也不是島，恐怕是初次前往本地觀光的遊客，必須先知道的一件事。老實說，我對鹿兒島的第一印象，確實也來自對於這個美麗地名的誤解。

後來終於對鹿兒島有了準確的認識，是這裡的名產。在日劇「Slow Dance」裡，故事主角爲了開小酒館，遠從東京前往鹿兒島，爲的就是登門拜訪許多製酒商家，尋找美味的薩摩芋燒酎。至於近期台灣人對於鹿兒島的印象，則有不少來自於ＮＨＫ大河劇「篤姬」，因爲這位開日本新時代女性之先河的女性，正是出身於鹿兒島的指宿地區。

人氣菜單篤姬膳

【鹿兒島】鹿兒島縣在地形上以薩摩半島和大隅半島爲主，中間的錦江灣則有迄今活火山活動仍相當活躍的櫻島。

KAGO
SHIMA
03

薩摩路

黑毛豬涮涮鍋

鹿兒島的名物除了燒酎，本地飼養的黑毛豬也頗負盛名，其中又以黑毛豬涮涮鍋最爲人讚賞。

在鹿兒島市東千石町的這家創作鄉土料理「薩摩路」就能吃到地道的美味。創立於一九五九年的老店，秉持著一如既往的精神和料理的豐盛經驗，如今希望爲新世代的消費者，開拓出更值得回憶的美味。

吃鹿兒島的涮涮鍋，最好的時段爲中午，因爲十分高級食材，在午餐可以享用到划算的價格。我這麼一餐大約是二二〇〇日幣，比起東京物價來說，算是便宜。鹿兒島的豬肉口感確實不同，入口的感覺相當清爽，一點豬肉的腥羶味都沒有，搭配九州偏甜的醬油一起吃，風味絕佳。

共進午餐的當地朋友，學生時代在東京的早稻田大學唸書。她告訴我，不管鹿兒島人在東京住了多少年，再怎麼樣都難以適應的就是醬油和豬肉的味道。因爲從小就習慣了鹿兒島美味的豬肉，會覺得東京的豬肉實在難以下嚥。

人可以改變環境，環境也足以改變一個人。然而，在我們心底深處，從味覺認同鄉土的那份執著，或許將一輩子根深柢固。

「薩摩路」道地鹿兒島豬肉拼盤

創作鄉土料理「薩摩路」（さつま路）

add　鹿兒島県鹿兒島市東千石町6-29
open　11：30～14：30／17：30～22：00／close　元旦假期
access　市電「天文館通」站下車，徒步約5分鐘
web　http://www.satumaji.co.jp/index.html

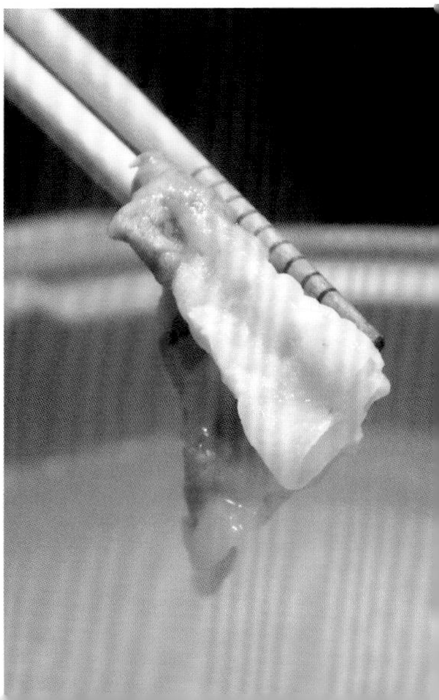

KAGO
SHIMA
04

指宿的玉手箱號

指宿的玉手箱號列車內部

浦島太郎的玉寶盒

「指宿的玉手箱號」是從鹿兒島中央站到指宿之間運行的觀光列車。二〇一一年九州新幹線全線開通到鹿兒島後，開始運行。列車名的由來，出自浦島太郎傳說裡的「玉手箱」（日文「玉寶盒」之意）。故事裡的浦島太郎打開寶盒以後，盒子裡冒出來的煙霧，讓他瞬間從黑髮變成白髮。因此，爲了配合故事氣氛，每當列車抵達指宿站以後，車門上就會開始噴霧，讓整節列車瀰漫在一陣魔幻的煙霧裡。此外，車廂的顏色也從傳說發想，漆成一半黑一半白，視覺效果相當逗趣。

指宿的玉手箱號車廂內，有一排面向窗戶的座位，能夠見到沿線海景的位置，坐在這排位子上，絕對是浪漫到幾乎可以旋轉飛起來的享受啊。

也許翻起一本書，喝杯咖啡吧，坐著指宿的玉手箱號往前飛奔，等候著當寶盒打開之際，眼前又將是一片鹿兒島的驚艷景色。

「指宿的玉手箱號」運行時刻表參考（日文版本）
http://makurazaki-s-hotel.jp/jrjikoku.html

經緯度指南

象徵傳遞幸福的
黃色郵筒

KAGO
SHIMA
05

西大山站

朝聖JR日本最南端車站

喜歡鐵道的人眞不少，到日本這個鐵道王國，有許多指標性的鐵道據點値得一看。其實我並不算是鐵道迷，比如線路種類啊列車型號啊等等，稱不上有非常大的興趣；不過，若是特殊的觀光列車，或者是與鐵道相關的據點，就會有想去朝聖一番的衝動。例如，東西南北最極端的車站，就是其中之一。

鹿兒島的西大山站是JR日本最南端的車站。這麼說可能有人會誤會，會說那把沖繩的捷運放到哪去呢？原來，這裡所謂的最南端，指的是JR鐵道公司的體系。在JR經營的鐵路中，西大山站，就是日本最南端的車站。

一抵達這個重要據點，幾乎每個人都會嚇一跳。「啊？就這樣？」是的，這個最南端的車站，沒有車站建築也沒有收票口，只有一個小小的月台，在田野中間。但是，西大山站根本不需要任何車站建築來增添它的光彩。因爲，最棒的車站風景，就是從月台望去的三角錐狀的「開聞岳」大山。尤其是在一月的油菜花季節，當兩節短短的列車駛入最南端車站時，從月台上望去，視線奔過油菜花田衝向遠方的大山，激散出一片燦爛的遼闊感。配合油菜花的顏色，西大山站設置了難得一見的黃色郵筒。據說是能傳遞幸福的黃色郵筒，吸引許多人從這裡寄出明信片給親朋好友。

一旁的旅遊指南所除了販售明信片，還發行最南端車站到站證明書。當地農家栽培的新鮮農作物，這裡也可以買到。此外，還提供租用自行車的服務。兩小時五〇〇日幣，四小時一〇〇〇日幣，四小時以上是一五〇〇日幣。

【開聞岳】
薩摩半島南端的火山，標高九二四公尺，屬於霧島屋久國立公園。被列爲日本百名山、新日本百名山及九州百名山之一。因外觀的圓錐形山容形狀，被譽爲「薩摩富士」。

KAGO SHIMA
06

沙蒸會館砂樂

另類泡湯之沙蒸溫泉

鹿兒島的觀光勝地可說都是得天獨厚的。除了活火山櫻島，南方的指宿也是天然地理造就的風格獨具之景點。指宿是鹿兒島有名的溫泉勝地，不少溫泉旅店在此林立。最特殊的莫過於利用溫泉湧現的沙灘，將身子埋進熱呼呼的溫泉沙堆裡，享受所謂的「天然沙蒸」法，是多數人從未體驗過的另類泡湯。

從鹿兒島中央站出發搭乘「指宿的玉手箱號」，約五十分鐘就可抵達指宿站。想體驗所謂的「天然沙蒸」法，那就非來沙蒸會館「砂樂」不可。

沙蒸會館是在海邊的天然溫泉。湧出溫泉的沙灘，將沙灘蒸熱，然後鑽進專人爲你剷開的沙坑裡，再由工作人員將熱熱的砂子堆在你身上，最後，只剩下一顆露在外面的頭。入沙蒸溫泉前要先換上浴衣，頭上包浴巾，然後躺進工作人員挖好的沙坑，接著讓他們拿剷子，把砂子覆蓋在身上了。嘖嘖嘖，一整排人都埋在土裡，只露出頭來，感覺還滿驚悚的吧。還要放一把小陽傘在旁邊，這是哪招？原來是爲了防曬。

說眞的，被埋起來的感覺還滿怪的，不過當「工程」完成以後，眞的是前所未有的感覺。砂子有重量，因此會增加心臟的輸血量，加上砂子有溫度，全身的血液循環頓時快速流動。很有趣的，全身上下居然有一種被按摩的感覺，相當舒服，而且不知不覺就睡著了！

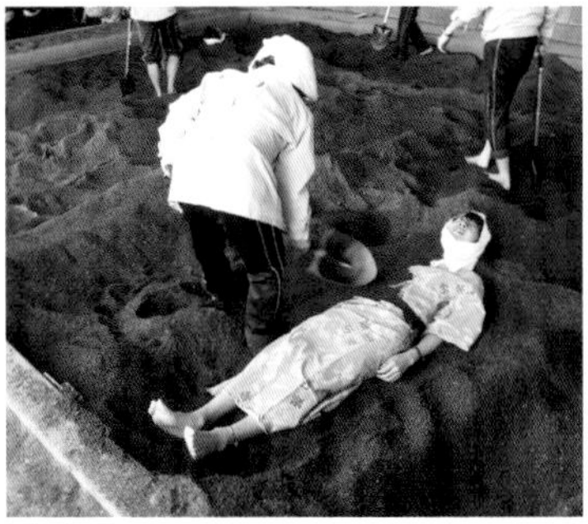

【沙蒸溫泉】
據說沙蒸溫泉含有豐富的溫泉礦物質，經醫學證明對神經痛、風溼、腰痛、五十肩等病痛，都具備不錯的療效。

指宿天然沙蒸溫泉（砂むし会館砂楽）

add　鹿兒島県指宿市湯之濱5-25-18
open　8：30～21：00（最後入場20：30）
access　JR「指宿站」下車，轉乘路線巴士至「砂むし会館」站下車，約5分鐘
web　ttp://sa-raku.sakura.ne.jp/

◎ **指宿岩崎渡假飯店（指宿いわさきホテル）**

add 鹿兒島県指宿市十二町3805-1
access 從JR指宿站轉乘巴士，約6分鐘抵達
計程車約4分鐘
web http://ibusuki.iwasakihotels.com/zh/

KAGO SHIMA 07

指宿岩崎大飯店

充滿南國熱帶風情的飯店

在指宿投宿的地方，是一間充滿南國熱帶風情感的指宿岩崎渡假飯店。無論從飯店的任何角落，都能見到綠色景觀。當我一踏進飯店大廳，並從大廳穿過走廊，走向客房的一路上，都有種此刻並不在日本，而在東南亞的錯覺。

晚餐若在飯店享用和食，則有海鮮、肉類或涮涮鍋等菜色，提供選擇。每一樣食材都有一定水準，特別是海鮮或生魚片，自然也保有著不落人後的新鮮度。而早餐則是制式的西式自助餐餐點。

客房稱不上精緻或豪華，不過很乾淨寬敞。從飯店窗台望出去，就是藍天大海，以及飯店附屬寬廣的庭園與游泳池等運動設施，算是一間很能夠讓人放鬆身心的飯店。

飯店提供的早餐西式自助餐

KUMAMOTO

熊本

與自然相擁

「熊本的阿蘇高原，
被譽爲全世界最大規模的
重疊式火山窪地，
造就了現今十分壯觀的
大自然景色。」

交通資訊

九州新幹線

▶行駛路線：

① 博多（福岡）→ 熊本
行駛時間 40分鐘

② 鹿兒島 → 熊本
行駛時間 45分鐘

③ 新大阪 → 熊本
行駛時間 3小時～3小時半

▶票券購買：

① JR PASS（外國觀光客可利用）

詳細購買、價格與使用方式，請參考官方網站
http：//www.japanrailpass.net/zh/zh001.html

② 熊本城周遊巴士（しろめぐりん）一日券

票券售價	成人票400円、孩童票200円
購票地點	站前公車亭、各大飯店與巴士內均可購買
發車時間	每天9：00至17：00， 從JR熊本站1號乘車處發車 經過熊本交通センター（交通中心） 抵達熊本城周邊的觀光地
注意事項	每20分鐘間隔發車
詳細路線	http://shiromegurin.com/

熊本有什麼呢？首先想到的也許是熊本城吧。就算是對熊本這地方沒有特別的印象，相信只要看過一次熊本吉祥物就不可能忘記。這個名為Kumamon的可愛小黑熊，以可愛的微笑和害羞似的發紅雙頰，歡迎每個來訪熊本的旅人。熊本是以天然好風光為特色的，你可以在這裡享受到阿蘇高原絕景，也能在山林裡騎馬，住宿看星光。

九州新幹線櫻花號列車

九州新幹線櫻花號列車內部；熊本站車站入口（左）

KUMA MOTO 01

櫻花號初體驗

充滿大人味的列車

抵達熊本，從鹿兒島出發，可以搭上九州新幹線的櫻花號。櫻花號是許多喜歡新幹線的鐵道迷，近來特別想搭乘的列車。因爲櫻花號車廂跟其他新幹線都不同，既然名爲櫻花，車廂便名副其實的以樹木爲概念，設計出木頭質感的座椅與室內設計。

新幹線櫻花號因此讓人感覺特別有「大人味」，充滿成熟穩重的氣氛。而熊本站爲了迎接新幹線的開通，也重新打造出一座相當有設計感的車站外觀。車站入口乍看之下，還以爲是美術館的入口呢。

從鹿兒島出發，搭乘新幹線約四十五分鐘即可抵達熊本站。若從新大阪站出發，則須三小時至三小時半的車程。

KUMA
MOTO
02

熊本城

參觀人次最多的日本古城

熊本城是日本三大名城。由諸侯加藤清正公花費了七年，在一六〇七年打造完成的熊本城，迄今已超過四百多年。一踏入熊本城，就給人規模雄偉的印象。跟其他日本城堡不同的是，熊本城天守閣底座的石垣，角度陡峻，弧度美麗，因爲讓外來的侵入者難以攀爬，故得「武士返回」之暱稱。此外，熊本城外圍的城牆周長長達十二公里，造就其易守難攻的特徵。

我特別震撼於天守閣旁的「本丸御殿」。這裡是以加藤清正當年的居住及辦公空間爲基準，根據流傳下來的地圖與文獻，在二〇〇八年復原，重現出五十三個房間、一五七〇疊榻榻米的歷史空間。

在本丸御殿裡，可以清楚看見日本人如何利用高科技和職人手工技術，一磚一瓦的抓回在歷史中流逝掉的珍貴寶藏。不只大東西，例如小到你可能一點也不在乎的門栓裝飾，其實，背後都是由專業的技術職人根據史實，完全不馬虎地打造出來。尤其是「昭君之間」裡的壁畫與天棚裝飾，也在手工技術中，找回了險些失散的江戶氣氛。在還原歷史的過程裡，更重要的是，職人們手工的精緻技術也得以流傳。

【日本三大名城】

其實三大名城定義十分曖昧，有人認爲是「熊本城、名古屋城、大坂城」，也有人主張是「姬路城、熊本城、松本城」，理由和條件不一，並無確切說法。但無論哪一種說法，熊本城基本上都含括在內。

熊本城

add 熊本県熊本市本丸1-1

open 8：30～18：00
（1月～3月至17：00爲止）

close 12月29日～31日

access ●市電：熊本駅前電站
→ 熊本城・市役所前站
約10分鐘
●巴士：熊本站前巴士站
→ 交通センター（交通中心）站
約10分鐘

web http://kumamoto-guide.jp/kumamoto-castle/

註：由於地震受損的關係，熊本城目前有限制開放區域。

KUMA MOTO 03

櫻之馬場城彩苑

城彩苑

add 熊本県熊本市中央區二之丸1-1-1
open 禮品處 9：00～19：00（3月～11月）
9：00～18：00（12月～2月）
餐廳 11：00～19：00
（六、日與假日前一天至20：00）
access 熊本市電「熊本站前」站→「熊本城前」站或「市役所前」站下車，約10分鐘
熊本城周遊巴士（しろめぐりん）亦可抵達
web http://www.sakuranobaba-johsaien.jp/

熊本小黑熊歡迎你！

「城彩苑」位於熊本城山腳下，是一處重現江戶風情的觀光商店街。二十多間特色店舖聚集於此，可以在這裡一網打盡熊本的美食和名物。熊本名物當中，有一道配菜爲加了芥末的蓮藕切片（森からし蓮根），外觀很漂亮，不過如果怕芥末的人，入口可要小心。我個人是吃了一片以後就謝謝大家退場了，但同行的日本前輩愛不釋手，覺得是絕佳的下酒菜。

「城彩苑」裡最吸引我的，除了販售著各種熊本吉祥物kumamon的周邊商品，還有一個以多媒體影像設備打造的熊本城資料館，值得推薦一訪。

資料館裡沒有枯燥的文書展示，有的多是互動式的影像介紹，在淺顯易懂中，快速明白熊本的歷史。

其中特別有趣的是在中央有一塊類似空照地圖的投影。只要你站到地圖上，高科技投影就會立即感應到，在你腳下的現代地圖，便立刻改變成古地圖。一邊走，時間也就跟著你的步伐而變化。古今對照，變得如此簡單而有趣。休息模式中，地圖投影會變成鯉魚池。同樣的，當你站在池水投影上，波紋就會出現。鯉魚會閃躲你的腳步，你想要踩牠，牠就會游開，十分機靈。不一會兒，池水消褪，地圖再現。

歷史也是這樣，在時間的洪流中沉澱下來了一些什麼，也閃躲掉一些什麼吧。所謂的「眞實」是微妙的，畢竟歷史是詮釋的角度。人的情感也是詮釋的角度。愈是想要定格的記憶，就愈是如投影中閃躲的鯉魚，只能遠觀，然後模糊。

推

加了芥末的蓮藕切片

KUMA
MOTO
04

黑亭拉麵

創業五十年的熊本拉麵

熊本拉麵的特色，是以白濁濃厚的豬骨湯爲基底，撒上大蒜切片，並採用中度粗細的麵條爲主流。今日拜訪的是在熊本市內，據稱每天無論何時，都得排隊進場的名店：黑亭拉麵。但不可思議的是，這一天我到場時竟然完全不用排隊，就進到店裡了。隨行的當地日本人感到非常驚訝，直說我很幸運。

拉麵的麵條與食材，全出自自家製作，別無分號的口味。據說熬煮湯汁時，加入鮮奶爲其鮮少向媒體透露的祕訣。其中，最受歡迎的招牌是叉燒豚骨拉麵（日幣九八〇圓）。一般拉麵也有叉燒，只是較少（日幣七〇〇圓）。加入生雞蛋的吃法，在東京幾乎沒有見過。而且一次兩粒，配上中國風濃郁的「囍」字拉麵碗，也算是雙喜臨門的吃法吧。

黑亭拉麵店員送上現煮拉麵；黑亭拉麵招牌菜叉燒豚骨拉麵（左）

熊本黑亭拉麵（黑亭ラーメン）

add　熊本県熊本市二本木2-1-23
open　10：30～20：30
close　每月第三周的週四
access　JR熊本站，徒步7分鐘
熊本市電（A系統）「二本木口」站
徒步3分鐘
web　http://www.kokutei.co.jp

KUMA
MOTO
05

走入阿蘇高原

青春永駐的泉水

熊本最值得驕傲的，並不在於熊本拉麵，而是資源豐富的自然景觀。熊本的阿蘇高原，被譽爲全世界最大規模的重疊式火山窪地，造就了現今十分壯觀的大自然景色。和鹿兒島、櫻島一樣，阿蘇火山內的窪地也住了居民，甚至多達五萬人，這也是世界上少見的「火山共棲」生態。在阿蘇高原，可以享受各式各樣的野外活動，夜裡也能投宿在郊外，享受與自然徹底親近的一刻。

阿蘇在二十七萬年至九萬年前，曾發生約四次大規模的爆發，從此就形成了這個東西寬達十八公里，南北長達二十五公里，周長約一二八公里的世界最大火山窪地。如今的阿蘇火山依然會冒出煙霧，隨著季節和天候改變，展現出特有的自然景觀。

前往夜裡投宿的地方時，途經一阿蘇神社。神社裡有一泉水，號稱是喝了以後能常保年輕。每當碰到這種泉水，當然要馬上立刻多喝幾口啦！

神社裡有一棵大樹，男生往左邊繞兩圈，女生往右邊繞兩圈，據說能庇佑姻緣。也許暗喻著，完滿的愛情本來就該是一個圓。開始和結束，驀然回首，皆是人生的循環。

推

阿蘇神社號稱能常保年輕的山泉水

阿蘇神社

add 熊本県阿蘇市一之宮町宮地3083
open 參拜自由（辦事處9：00～16：30）
access JR九州豐肥本線「宮地」站
徒步約15分鐘
web http://www.aso-hifuri.jp/aso_temple.html

KUMAMOTO 06

阿蘇Farm Land

阿蘇Farm Land
夜間燈光點綴；
蒙古包內部（左）

有如蒙古包的圓頂旅店

來到阿蘇，夜裡投宿的地方非常特別。這個名爲阿蘇Farm Land的渡假村，在阿蘇鄉間裡，每一棟客房都是獨立的，而且外觀就像是蒙古包一樣的圓頂形狀，相當逗趣。阿蘇Farm Land占地廣大，一眼望去，全是圓頂建築的客房，非常壯觀，頗有來到外太空星球基地的錯覺。

這個渡假村提供許多種類的森林戶外遊樂設施，還有迷你動物園。最自豪的便是擁有各式各樣的草藥溫泉池、阿蘇健康火山溫泉，以及號稱日本最大的露天溫泉，男女各坐擁一千坪之寬。到了晚上的時候，在燈飾花園的襯托下，各國料理得以選擇的美味晚餐，當然也是投宿此地的重點之一。

晚上回到蒙古包的圓頂房間後，就開始品嚐在渡假村裡的土產店買來的阿蘇名產！阿蘇因爲有很多牧場，鮮乳和乳製品的甜點也特別出名。我挑了阿蘇布丁跟焦糖牛奶糖試吃。牛奶糖味道普普通通，但布丁真的很香濃！使用了阿蘇特產的牛乳，讓布丁的口感醇厚濃郁，香味殘留口中久久不散。若有機會來到阿蘇，一定要吃布丁！

推

阿蘇特產布丁

阿蘇Farm Land

add　熊本県阿蘇郡南阿蘇村河陽5579-3
open　各設施不一，請參照官網
access　JR豐肥本線赤水站車程約7分鐘
熊本機場出發車程約30分鐘
web　http://www.asofarmland.co.jp/index.php

OITA

大分

溫泉氤氳的
濃厚人情

「老闆娘激動地對著我道謝。
我一時驚慌，以爲她認錯人，
後來才知道，
她要向所有援助
東日本大震災的台灣人道謝。」

交通資訊

電車JR特急ソニック43號

▶行駛路線：

博多 → 大分

行駛時間 2小時15分鐘

▶票券購買：

① JR PASS（外國觀光客可利用）

詳細購買、價格與使用方式，請參考官方網站
http：//www.japanrailpass.net/zh/zh001.html

很多人對大分縣的印象非常模糊，甚至買一本九州導遊書來看時，只會有別府和湯布院，可能還找不到大分縣獨立成一章的介紹。確實，提到別府和湯布院時，這兩大溫泉名勝地的名聲，可能遠比所在地大分縣更為響亮！不過，大分縣除了溫泉，還有不少值得開發、前往一探的旅遊新景點。例如老街散步，吃河豚料理（大分縣是河豚料理的原鄉）以及租借腳踏車的鄉間單車之旅。

OITA 01

臼杵城跡

雨中風情

位於大分縣東海岸的臼杵，靠近大分市，以臼杵石佛和醬油聞名。目前來自國外的觀光客人潮還相當稀少，對喜歡來一趟「跟別人不同」旅行的人，是值得探訪的新地方。

最近，臼杵因爲保存了日式傳統老街，成爲日本人拜訪大分縣的別府溫泉或湯布院時，會順道繞過來逛逛的地方。這次來到臼杵，也就是特別來逛一逛「臼杵城跡」與周圍的老街。

抵達的這天早上，臼杵下起了大雨，氣溫驟降。大雨讓行動有些不便，然而，就像是台北的九份飄起雨來時，特別有氣氛，雨中的臼杵，同樣也因爲雨水，讓這座布滿石階、木屋的日式傳統小鎮，流淌起寂靜且優雅的風情。

「臼杵城跡」是中世紀到近代，日本往昔城址的遺跡，如今雖然建築多是復建，沒有當初的建築完整保留下來，但以城跡爲中心所打造成的臼杵公園，則成爲休閒場所。每到櫻花盛開季節，是賞櫻勝地。

臼杵老街，保留了非常多的日式木造建築。其中有些是商店，有些則開放爲史料館供人參觀，但大部分仍爲住宅。外國觀光客或許對這些不熟悉的歷史不感興趣，不過，走在這些古老建築簇擁的石坂街道裡，光是氣氛就得以滿足。商店的招牌都很有古意，即使並非老店，像是冰淇淋店或小PUB也會配合此地氣氛，掛出合宜的招牌。

臼杵城跡日式傳統建築

商店街裡有販賣醬油、味噌和酒的商家，我特別推薦味噌餅乾。帶著甜味的味噌香，隨著餅乾的清脆入口，混合成一股特殊的味覺。

天冷，進店裡買一粒剛蒸出來的「酒饅頭」吧，入口就能溫暖起身子。或者，走進日式建築裡的洋風咖啡館小歇一番也不錯。靜靜的等待一場大雨過去，喝杯茶，往事和未來，都在這裡陪你們。

【酒饅頭】以糯米和米麴，添加甜酒（甘酒）再混進小麥粉以後發酵，再包進紅豆餡以後蒸熟的甜包子。日文中的「饅頭」其實是中文裡的「包子」。

推

現做的「酒饅頭」

臼杵城跡

add 大分県臼杵市大字臼杵91番地
access JR日豊本線「臼杵」站徒步10分鐘
web http://www.usuki-kanko.com/

OITA 02

河豚料理初體驗

師傅現場料理河豚（上）；
新鮮河豚生魚片（中）；
新鮮河豚握壽司（下）

割烹 MITSUGO 河豚料理（割烹みつご）

add　大分県臼杵市臼杵 524-1
open　11：30 ～ 14：00 ／ 17：30 ～ 21：00（L.O.21：00）
close　不定休
access　JR 日豐本線「上臼杵」站
web　http://mitugo.net

新鮮的味覺體驗

河豚料理也是我第一次的嚐試。對不少日本人來說，吃河豚是品味高級料理的享受。這或許跟成長和文化背景有關。至於於我而言，吃河豚，與其說感受好吃與否，不如說純粹是一種新鮮的味覺體驗。

割烹MITSUGO的河豚料理套餐，價格從最便宜的日幣八〇〇〇圓起跳，隨著菜色的多寡和食材的高級與否，最貴到日幣一八九〇〇圓都有。

河豚的肉質富有彈性，入口時頗有嚼感，跟吃一般魚肉自然是很不同的。套餐中，各式各樣的料理方式，將河豚料理的變化發揮得相當極致，讓我再次對日本人海產烹飪的功力感到佩服。

OITA
03

耶馬溪自行車步道

自行車步道排行榜第一名

大分縣中津市的耶馬溪，以鄉間散步和自行車步道聞名，尤其是在秋天紅葉季節，沿線景色更是美不勝收。

從JR博多站搭乘特急，到中津站大約八十分鐘。中津站下車以後，雖然就有出租自行車的服務，但是這裡的租借只限於中津市內觀光，不能騎到耶馬溪。因此，若要進行耶馬溪單車路線之旅，必須到以下三個租車點租腳踏車：

洞門自行車中心（洞門サイクリングターミナル・センター）、耶馬溪自行車中心（耶馬溪サイクリングターミナル）、Coayamakuni自行車中心（コアやまくにサイクリングターミナル）。

而從中津站前搭乘巴士前往這三個租車中心的方式，請參見下表。

租車中心	巴士站	交通方式
洞門自行車中心（洞門サイクリングターミナル・センター）	中津站前 → 青の洞門停車場	大分交通「日田行き」方向，或「柿坂行き」方向，或「豊後森行き」方向，或「守実温泉行き」方向的巴士。
耶馬溪自行車中心（耶馬溪サイクリングターミナル）	中津站前 → 柿坂（耶馬溪町）	大分交通「日田行き」方向，或「柿坂行き」方向，或「豊後森行き」方向，或「守実温泉行き」方向的巴士。
Coayamakuni自行車中心（コアやまくにサイクリングターミナル）	中津站前 → 守実温泉（山国町）	大分交通「守実温泉行き」方向的巴士。若搭乘「日田行き」方向，則在「守実」下車。

耶馬溪鐵道自行車步道；耶馬溪鐵道舊址；耶馬溪鐵道入口；木精座咖啡內部（由右至左）

耶馬溪自行車步道之所以聞名，除了自然景觀優美，最特別的是，它利用了舊耶馬溪鐵道，將廢線後的路沿著山國川，從中津到守實，開拓成總長達三十五公里、堪稱西日本最大的自行車專用道路。幾年前，耶馬自行車步道獲得日本經濟新聞社票選「自行車步道排行榜」第一名。不只喜歡騎車的人，也吸引不少鐵道迷前往朝聖。

騎著車，沿線可以欣賞到鐵道舊跡、山洞、鐵橋和舊車站，甚至也有像是「木精座」這樣的山林咖啡館可以入座休息。木精座咖啡館，改建自昭和初年遺留下來的國小校舍，飄散著懷舊氣氛。室外依然下著大雨，躲進咖啡館，聽老闆娘熱情招呼客人和閒話家常。知道我是台灣人以後，老闆娘激動地對著我道謝。我一時驚慌，以爲她認錯人，後來才知道，她要向所有台灣人道謝。因爲台灣人在東日本大震災，捐贈了超過兩百億日圓的募款。

老闆娘的眞心熱情，以及越過一面海洋的情誼，彷彿那溫度超越了室內老式暖爐燃燒的柴薪，讓整間屋子更加暖了起來。

木精座現煮咖啡

耶馬溪自行車中心

web http://www.city-nakatsu.jp/kankodocs/2014022100011/

木精座咖啡

add 大分県中津市耶馬溪町平田1525

open 12：00～22：00

close 週二

access JR日豊本線「中津」站前
搭乘大分交通巴士往「柿坂」方向，約40分鐘
到「耶馬溪高校前」站下車，再徒步5分鐘

OITA
05

豆田町

江戶風情

大分縣的日田市豆田町，如今仍存留著過往江戶時代的街坊風情，走進這座下町小鎮，不僅能感受到老街氛圍，更可以體會日本鄉間濃厚的人情味。

豆田町上有一座「薰長酒藏資料館」，是從江戶時代就建造的酒藏，展示著古時候釀酒製酒的器具。在藏元商店裡販售著地產的美酒，同時也提供清酒、燒酎等酒類的試飲。除了酒以外，日田市的地方特產也能夠在此找到。

我喜歡在氣溫涼涼的天候裡，來一杯甘酒，甜甜的好滋味。所謂甘酒，就像是甜酒釀一樣的味道，只不過酒味沒那麼濃。即使是不勝酒力的人，喝甘酒也絕對沒問題。街上小店還賣葛湯，濃稠的，帶著甜味，據說可以預防感冒。

來到日田市豆田町，就應該放慢腳步，才能夠品味到這裡在悠緩步調中，散放出來的美感。我特別喜歡豆田町在老建築之間，有小運河流過的場景。沿著溪畔散步，大好晴天，偶一轉角，頗有置身京都巷弄之錯覺。

薰長生原酒

推

現煮酒藏的酒粕

薰長酒藏資料館

add　大分県日田市豆田町 6-31
open　9：00～16：30
access　JR「日田」站徒步約 15～20 分鐘
web　http://www.kuncho.com

前往日田市豆田町的交通方式

- 從福岡方面來：JR 博多站（JR 鹿兒島本線／JR 久大本線）約 1 小時 20 分鐘至 JR 日田站下車，徒步 15 分鐘
- 從大分方面來：JR 大分站（JR 久大本線）約 2 小時 10 分鐘至 JR 日田站下車，徒步 15 分鐘
- 從熊本方面來：JR 熊本站（JR 鹿兒島本線／JR 久大本線）約 2 小時至 JR 日田站下車，徒步 15 分鐘

豆田町散步地圖：http://www.hita-mameda.jp/map.html

OITA
06

日田鰻魚飯

日田鰻魚香

日田市豆田町的另一項名產就是鰻魚。沒走幾步路，遇見的食堂就是賣鰻魚飯的。不過，在豆田町的鰻魚屋裡，鰻魚的料理方式跟吃法都和關東的很不同。這種鰻魚飯有個專有名詞，叫作「mabushi」（まぶし）。例如這間，日田mabushi（まぶし）千屋。

mabushi鰻魚飯
另一種吃法：茶泡飯

傳統上在關東的鰻魚料理方式，是用蒸的，而在這裡的鰻魚飯，則是用蒲燒的方式慢火烤出來。外皮烤得酥酥脆脆的，內在的肉質仍保持柔軟，淋上甜甜的蒲燒醬，相當可口。此外，還有一個不同，就是mabushi鰻魚飯在形狀上也不會是大塊切的盛放在飯上，而是切碎成長條絲狀。

至於吃法，就更特殊了。共有三個步驟。第一種吃法，是端上來的鰻魚飯，就這樣吃，感受原味。第二種吃法，是加入芥末蔥醬跟日田名物「柚子胡椒白蘿蔔泥」，跟鰻魚飯混著一起吃，讓淋著蒲燒醬的鰻魚飯，逼出另外一種風味。最後一種吃法，則是加入湯汁，變成茶泡飯。

mabushi鰻魚飯的三步驟吃法，對於本來就喜歡吃鰻魚料理的人，肯定是一種全新體驗的嚐試。

mabushi鰻魚飯套餐；芥末蔥醬與柚子胡椒白蘿蔔泥等多種佐料（右）

日田mabushi（まぶし）千屋

add　大分県日田市豆田町4-14
open　11：00～20：00
access　JR「日田」站，徒步約10分鐘
web　http://www.hita-yoroduya.com/senya/

OITA
07

珈琲談義所：嶋屋

宮崎駿和日本皇太子親臨的喫茶店

享用過美味的鰻魚飯以後，當然也不能缺少好吃的飯後甜點囉。在豆田町裡散步著，遇見了這間看起來古色古香的喫茶店，而且有個很特殊的店名，珈琲談義所：嶋屋。

點一份冒著白煙，熱騰騰的善哉（紅豆湯）跟黃豆粉白玉（麻糬）來吃，搭配清爽可口的抹茶，是轉換方才口中殘留著鰻魚飯口味的好選擇。

這棟從甜品、料理到建築，都充滿日式風味的店家，可不能小覷。因爲不少名人，都曾經拜訪過。像是動畫大師宮崎駿，還留下了親手繪製的圖，掛在店內的牆上，甚至連日本皇太子明仁也曾經親臨過本店。迄今，店內不僅保留了當時皇太子到訪的照片，就連駐足之處，也在店內標示出來。

我想，皇太子也好，庶民百姓也罷，確實身分背景不同，人生也迴異吧。縱

嶋屋內部座位區；嶋屋店主（右）

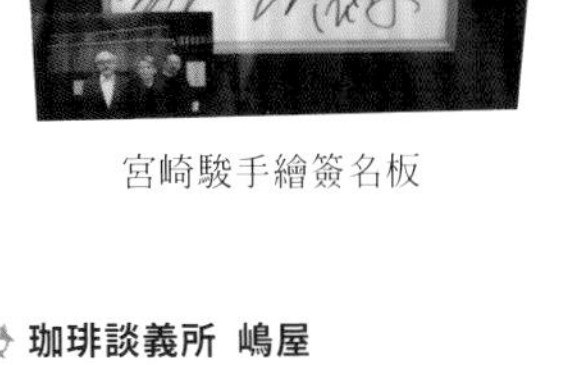

宮崎駿手繪簽名板

使如此，能在這樣靜好的小鎮裡走上一回，走進風情獨具的喫茶店裡小憩一番，抹茶甜點，那齒間的美味與心底的舒暢，只要你願意，誰都能公平擁有。

善哉（紅豆湯）跟黃豆粉白玉（麻糬）

珈琲談義所 嶋屋

add 大分県日田市豆田町 10-8
open 10：00 ～ 17：00
close 週一
access JR「日田」站，徒步約15分鐘
web http://www.oidehita.com/archives/855

NAGASAKI

長崎

長崎印象

「無論在戰爭裡的
立場是哪一方，
因戰亂
而無辜死傷別離的民眾，
永遠都是悲劇。」

交通資訊

九州新幹線

▶行駛路線：

博多 → 長崎

行駛時間 1 小時53 分鐘

▶票券購買：

① JR PASS（外國觀光客可利用）

詳細購買、價格與使用方式，請參考官方網站
http://www.japanrailpass.net/zh/zh001.html

② 長崎市內巴士觀光一日券

票券售價　成人票500円、孩童票250円

購票地點　長崎站內「長崎市綜合觀光案內所」
JR九州旅行長崎支店
長崎巴士各營業所等地

你的長崎印象是什麼？是被海洋環抱的港口、長崎蜂蜜蛋糕、長崎什錦麵，還是藝人福山雅治的故鄉？我的長崎印象除此之外，尚有市區裡高高低低的坂坡石階，叮叮噹噹的路面電車，和喜歡的小說家吉田修一以他的故鄉寫下的多部作品。

長崎是我最嚮往的城市之一。最早對這座城市產生視覺性的好感，應該來自於電影《解夏》的片段。電影故事很悲慘，但取材自長崎坂坡街區的畫面很美。後來則是小林紀晴的攝影集《日本之路》，將長崎的路面電車拍攝得獨具風情。之後，才是看了電影《惡人》、《同棲生活》。原著小說家吉田修一，多部作品都是以故鄉長崎作為舞台背景，例如《長崎亂樂坂》、《7月24日大道》等書。這些作品都不斷觸發和累積著我對長崎的印象，希望有一天能夠踏進這座城市。當然，不用說偶爾會吃到的，令人難以忘懷的福砂屋長崎蜂蜜蛋糕了。

終於在這一天，走進了長崎。

NAGASAKI
01

路面電車

坂道與洋館的散步

長崎在鎖國時代，因爲允許和中國與荷蘭通商，便受到這兩個地方文化的深入影響。而暢遊這些景點的最佳方式，就是搭乘路面電車跟徒步散策了。

長崎路面電車車資很便宜，一趟只要日幣一〇〇圓，若購買一日乘車券則是日幣五〇〇圓。像是原爆和平公園、新地中華街、海濱區、荷蘭坡、哥拉巴公園等地都能夠抵達。長崎市區內沒有地下鐵，因此路面電車就是當地民眾最常利用的大眾運輸工具。

搭乘路面電車，從石橋電停站開始，一路可以經過祈念坂、大浦天主堂、哥拉巴公園、荷蘭坂、東山手洋風住宅群和大浦海岸通等地。這一帶有很多的坂道跟洋館，是往昔外國人的居留地所遺留下來的建築。在石坂坡道中散步，穿梭於這些歐美異國風情的建築群中，是很舒服的一趟散心之旅。

哥拉巴公園鳥瞰長崎港

哥拉巴公園花叢一隅

散策路線中，途經的哥拉巴公園是推進日本近代化頗有貢獻的英國商人哥拉巴過去居住的寓所。哥拉巴在幕府末期，曾暗中幫助坂本龍馬等人。

從哥拉巴園往下瞭望，可鳥瞰長崎港。此外，還有像是日本最初的西洋料理店「自由亭」也保留了當年的洋風建築。在這群混雜著和、洋、中三種文化的建築群裡，即使不懂歷史背景，也能純粹欣賞建築之美。

哥拉巴公園

add　長崎県長崎市南山手町8番1号
open　8：00～18：00
access　JR長崎站下車後
搭乘路面電車「正覚寺下」（1系統）
至「築町」下車。接著轉乘「石橋」（5系統）
至「大浦天主堂下」或「石橋」站下車
web　http://www.glover-garden.jp

長崎市電（路面電車）一日券
cost　成人500円，孩童250円
web　http://www.naga-den.com/publics/index/653
詳細販售地點與行駛路線請參照官網
（請注意：市電內並不販售一日券）

NAGASAKI 02

原爆和平公園

日本的廣島和長崎，是世界上唯一被原子彈轟炸過的地方，來到長崎，不能不來這座和平公園。

一九四五年八月九日早上十點零二分，原子彈在長崎爆炸，整座城市頓時陷入太陽核心般的高溫與熱浪。許多人根本來不及反應，眼睛就已經瞎掉，骨肉瞬間融化，許多人屍骨無存，只在遺跡中留下被強光燒印出來的一抹影子。火海之中，長崎成爲人間煉獄。

附近流過的小溪，在原爆後曾經堆滿了如山丘般的屍體。他們不是被炸死的，而是瀕臨死亡的邊緣，因爲喉嚨感到極度口渴，卻找不到水源解渴，同時耐不住身體灼傷的高溫，於是全部爭先恐後擠到這條小溪來。然而，喉嚨跟內臟其實已經受到輻射熱線的影響了，一喝下同時也受到輻射污染的溪水，就立刻暴斃身亡。

原爆殉難者碑

長崎的和平公園矗立著一座原爆殉難者碑。石碑指著天空的位置，正是當年原子彈在上空爆炸的位置。出自於長崎縣出身的雕刻家北村西望的作品。右手指著天空，象徵著原子彈在上空爆炸的恐怖。左手長伸，代表和平，而緊閉的雙眼則是對原爆犧牲者的默哀祈福。祈願像的後方，有一間長崎原爆資料館，當年原子彈爆炸的慘狀，爾後受到輻射線的種種影響，許多殘酷但眞實的史料都收藏於此。

我們都知道二次大戰的起始和當年的日本軍國主義脫離不了關係。然而，事過境遷以後客觀回首，我們也同時明白，所有的戰爭往往只操控在極少數的人手上，而絕大部分的一般民眾也只能聽天由命。無論在戰爭裡的立場是哪一方，因戰亂而無辜死傷別離的民眾，永遠都是悲劇。

長崎和平公園
原爆殉難者碑

長崎原爆資料館

add 長崎県長崎市平野町7番8號
open 8：30～17：30（4月～9月至3月）
8：30～18：30（5月至8月）
8：30～20：00（8月7日至9日）
close 12月29日～12月31日
access 路面電車往「赤迫」至「浜口町」站下車
web http://nagasakipeace.jp/

NAGASAKI
03

新地中華街

其他中華街吃不到的料理

搭乘路電電車到築町站，徒步兩分鐘左右就能抵達新地中華街。日本除了橫濱中華街，神戶、長崎等地也有中華街，並稱日本三大中華街。雖然不像是橫濱中華街形成一個大聚落，長崎新地中華街的規模很小，眞的就是只有一條街而已，不過，來到這裡，還是能夠吃到別處少見的地道料理。

例如長崎中華街最出名的兩項料理，一個是我們熟悉的豬肉割包，另一個則是赫赫有名的長崎什錦炒麵（ちゃんぽん）、烏龍炒麵（皿うどん）。中華街裡的長崎什錦麵跟烏龍炒麵，其實是長崎各地都能吃到的代表性食物，前者是湯麵，後者是乾麵形式。

長崎什錦麵的日文原名是「ちゃんぽん」，發音是Channponn。多念幾遍看看，有沒有覺得有點熟悉呢？沒錯，就是閩南語中的「甲飽」，吃飽的意思啦。據說是當年來長崎留學的大陸閩南學生，爲了省錢跟塡飽肚子，就將手邊現有的食材全混在一起煮麵，沒想到弄出來以後意外好吃，就這樣在日本人之間廣爲流傳起來。

長崎什錦麵至少都會放進十種以上的食材，以蔬菜爲主，海鮮爲輔，所以應該算是滿健康的菜色吧。有些豪華版的店家，食材甚至會增加到二十種以上。湯汁以雞高湯爲主，也有店家加入豬骨湯創造出新口味。基本上，就是滿符合我們台灣人的口味吧，畢竟，本來也就是從閩南人發跡的食物。長崎烏龍炒麵是用烏龍麵的麵條做成的炒麵，本身沒有湯汁，所用的食材則跟什錦湯麵差不多。吃的時候記得滴入特製的醬料，味道更鮮美。

至於長崎賣的割包，夾的肉跟割包麵皮本身，比起台灣來說都豐腴許多。用的肉，比較像是我們所謂的東坡肉，這樣一個割包吃下來，不飽也難，所以最好兩人分食一個。雖然說割包肯定還是咱們台灣賣的好吃，不過，這經過日本風味改良的品種，若是抱著體驗的心嚐試看看，倒也還挺新鮮的。

推

長崎什錦麵（左）；長崎割包（右）

京華園

add　長崎県長崎市新地町 9-7（路面電車築町站）
open　11：00～15：30／17：00～20：30
close　不定休
access　市電「築町」站
web　http://www.kyokaen.co.jp

NAGASAKI 04

九州豪斯登堡

在偉大的航道上

還有什麼地方比長崎更適合停泊動漫《航海王》（ONE PIECE，又譯海賊王）的千陽號呢？這是當我走進九州豪斯登堡，看見千陽號時最先浮現的感覺。在日本鎖國時期，長崎是唯一對外開放的貿易港口。接觸大量中國和西方荷蘭文化，改變日本歷史的城市，確實推著日本走向了「偉大的航道上」，同時也在日後世界大戰的炮火試煉中，爲日本翻出一頁頁的心酸和傳奇。

豪斯登堡在二〇一二年迎接了開園二十週年紀念。時間過得眞快，竟然已經二十年了。回想起豪斯登堡這個名字，在十幾二十年前幾乎是等同於「日本旅遊」的代名詞。當時台灣自由行的風氣還不盛，到日本旅遊多跟隨旅行

豪斯登堡荷蘭風車

航海王千陽號造型船；園內歐風建築（右上）

團，去東京的行程一定包含迪士尼樂園，而到九州自然就是豪斯登堡了。

九州距離台灣近，飛行時間短，因此旅行團當中又特別吸引稍微年長或家族客層，豪斯登堡在許多人的心目中，就是一個適合全家造訪的美麗主題公園。不過，引導我們遊園的豪斯登堡工作人員表示，「與其說豪斯登堡是一座主題公園，不如說是一座偉大的造鎮。」

造鎮以前，原本這裡是一片荒地，經過土壤改良並種植起約四十萬棵樹和三十萬株的花卉，費時近五年才讓此地煥然一新。而荷蘭文「HUIS TEN BOSCH」之意，正是「森林之家」。這名字原本是荷蘭女王居住宮殿的名字，在獲得荷蘭王室許可後，便以此名作爲公園的名稱。將近一五二公頃的腹地，成爲海內外知名的花卉渡假勝地。除了有遊樂設施、商店跟餐廳，還有擁有運河碼頭的飯店，以及別墅住宅區。無論建築、風車或運河，每一個角落都像是置身於荷蘭的幻影。

鎖國時期的長崎只開放跟中國與荷蘭進行貿易，所以和荷蘭的關係自然深厚。豪斯登堡仿造荷蘭的街景建造而成，多少也代表一種致意和傳承。

豪斯登堡的建造年代，恰好是日本泡沫經濟的尾聲。在泡沫經濟高峰時，日本人認爲，只要有錢，沒什麼不能辦到的，包括這樣大手筆的複製一座歐洲城市。但經濟泡沫化以後，情勢改變，豪斯登堡也受到波及。原來計畫還有更大規模的造鎮計畫，讓更多想擁有歐洲別墅的人可以住進這個像是電影攝影棚的城市，後來也都打消。

有一度豪斯登堡陷入低潮，旅遊人數連年不振，二〇〇三年甚至還宣布破產，直到由日本旅遊業H.I.S.接手後，注入了許多新鮮的經營方式，最近才又恢復生氣。例如打造動漫《航海王》的主題公園，建造一艘眞正可以登船、出海巡遊的千陽號。航海王商場裡不只能買到各式各樣的紀念品，還有一

豪斯登堡（HUIS TEN BOSCH）

add　長崎県佐世保市ハウステンボス町1-1

open　9：00～22：00（隨季節略有變動，請參照官網）

access　長崎 → ハウステンボス（豪斯登堡站）
搭乘長崎本線／大村線・快速「シーサイドライナー」

web　www.huistenbosch.co.jp

豪斯登堡泰迪熊展示區

航海王限定咖哩飯（左）；航海王限定造型點心（右）

間主題餐廳，料理的概念全取自漫畫物件的意象。

另外，豪斯登堡還設計了各種主題展示館，像是泰迪熊展示館或電玩主題展示館，還引進國外的3D投影技術，在夜裡的白色城堡上，播放不用戴眼鏡也能看到的立體魔幻城堡演出。又或者在重要節慶如二十週年活動時，施放燦爛的煙火。

長崎土耳其飯 vs. 佐世保漢堡

晚餐在豪斯登堡裡的餐廳吃飯，選的是長崎洋食名物：土耳其飯。有趣的是，土耳其飯其實並非真的是土耳其料理，而是和製洋食。至於為什麼要叫土耳其飯？眾說紛紜，沒有一個說法有根據或被證實。總之從一九五〇年代在長崎出現後，歷史已經不可考。唯一確定的是，所謂的土耳其飯，內容一定要有炸豬排、炒飯跟義大利麵這三種。

長崎的另一項名物是佐世保漢堡。特色是什麼呢？當年剛出來的時候，以「大」聞名。至於食材嘛，嗯，好吃是好吃，但老實說就是一般的漢堡啦。當然，現在比它更巨大的漢堡更多了。縱使如此，仍不改漢堡本身的美味。

佐世保漢堡（左）；長崎土耳其飯（右）

SAGA

佐賀

佐賀，
不只有超級阿嬤

「彷彿街道裡流動的百年光陰，
都要跟著我暫停下來禮讓她們。
畢竟，是累積了青春
而成爲佐賀的阿嬤哪，
步行，當然優先。」

交通資訊

●九州新幹線

▶行駛路線：

博多 → 長崎　行駛時間 37分鐘

●櫻島 → 渡輪

▶票券購買：

① JR PASS（外國觀光客可利用）

詳細購買、價格與使用方式，請參考官方網站
http://www.japanrailpass.net/zh/zh001.html

② 佐賀全線巴士一日乘車券

票券售價　成人票1,000円、孩童票500円

購票地點　佐賀站巴士中心或車內亦可直接購買

「佐賀的超級阿嬤」恐怕是每個人一聽到佐賀時，會忍不住從嘴裡冒出來的自然反應。佐賀原來到底有什麼，老實說原本並不太清楚，所知道的確實是這部電影留下的深刻印象。這次來到九州，當然也不能錯過佐賀，一探究竟。首先拜訪的是佐賀鹿島市的「肥前濱宿」，一個以保留歷史傳統建造屋群而聞名的景點，同時也是釀酒業發達的知名酒鎮。

SAGA 01

肥前濱宿

時光禮讓的酒祭

從福岡博多車站搭乘JR長崎本線（特急）約三十三分鐘就可抵達佐賀，再從佐賀站繼續搭乘同班車，約二十分鐘就可抵達肥前鹿島。若從長崎搭反方向的同班電車，約五十六分鐘可抵達。來訪肥前濱宿的這一天，恰逢鎮上的觀光酒祭，幾乎所有的釀酒工廠都聯名舉辦活動，許多平常並不開放的酒廠也在這一天開放參觀。

肥前濱宿之所以釀酒成名，是因爲此地的多良岳山系流過的優良水質，以及品質優良的佐賀平野米，因此從江戶時代起開始以造酒聞名。當年的造酒廠，以及許多從江戶時代後期到昭和初期的建築，如今仍保存下來，

主要有兩個歷史遺產區域被日本政府選定爲「重要傳統建造物保存地區」：一是「港町：在鄉町」，另一個是有「酒藏通」暱稱的「釀造町」。前者是靠近有明海河港區域，當年此地聚集了手工職人和商人，因此保存了他們居住或開店的傳統建築；後者是以造酒工廠、白壁土藏的酒藏爲主，現在仍繼續著製酒工作。

難得的酒祭，在傳統的老街裡舉辦著各種品酒和遊樂活動，平日寧靜的小鎮，變得好不熱鬧。幾個穿著浴衣的年輕男女從眼前晃過，一晃眼，視線裡又是佐賀的阿嬤。

阿嬤們爽朗的笑聲，彷彿比藍天還要燦爛。縱使時間不會被美酒給灌醉，但此刻，彷彿街道裡流動的百年光陰，都要跟著我暫停下來禮讓她們。畢竟，是累積了青春而成爲佐賀的阿嬤哪，步行，當然優先。

肥前濱宿

web http://saga-kashima-kankou.com/spot/1114

SAGA 02

祐德稻荷神社

日本三大稻荷神社之一

離開肥前濱宿，途中經過一座建築構造相當特殊的神社，名爲祐德稻荷神社。神社的建築架構有點類似京都的清水寺，殿宇架在山坡上，基地則以交錯的木條拴構而成。不過，神社建築的用色，則與清水寺大相逕庭。猛一看，不像是日本的神社，反而更接近台灣或中國大陸的廟宇。或許也是因爲靠近長崎，早年受到中國文化的影響吧。

祐德稻荷神社最早建於一六八七年，供奉的是稻荷大神的分靈，是人間的衣食住之守護神。別小看這間神社藏在如此偏僻之地，事實上，這裡可是日本三大稻荷神社之一。特別保佑生意興隆、家運繁榮和交通安全，每年的參拜者超過三百萬人！

我在神社裡發現這裡的繪馬很特別，繪馬上的「厄」字被挖空了，代表「除厄」的意思。另外，神社裡還賣一種神馬的御守，上面寫著「うまくいく守」。整句話是萬事如意之意，恰好「うま」跟日文裡「馬」的發音相同，所以玩了一個雙關語的遊戲。

【三大稻荷神社】稻荷神社總本社是京都伏見區的伏見稻荷大社，一般來說與佐賀祐德稻荷神社及茨城笠間稻荷神社並稱三大稻荷。但實際上所謂「三大稻荷」並無官方說法，也有其他神社入選的版本。

祐德稻荷神社入口處鳥居

祐德稻荷神社

add　佐賀県鹿島市古枝
open　自由參拜
access　JR肥前鹿島站搭乘計程車約10分鐘
web　http://www.yutokusan.jp/

推

うまくいく：萬事如意
字體挖空象徵「除厄」的繪馬（下）

SAGA
03

呼子港

直擊《惡人》拍攝場景烏賊本家

決定九州的採訪行程之際，腦海中就浮現出由妻夫木聰和深津繪里主演、改編自吉田修一小說的電影《惡人》。因爲這個故事背景的舞台，也設定在九州。其中一幕印象頗爲深刻的場景，是妻夫木聰跟深津繪里逃亡時，在一間海鮮餐廳裡，妻夫木聰告白他犯下罪行的地方。這間餐廳位於佐賀的呼子港，很幸運這次有機會拜訪，當然說什麼也要排除萬難來朝聖一下啦！

有日本三大「朝市」（晨間市場）的呼子港距離唐津市約二十分鐘車程，緊鄰玄界灘，坐擁寬闊的海港，是一座寧靜純樸的海港小鎮。原本就因爲早上熱鬧的海鮮市場，以及能吃到美味海鮮而聞名的呼子港，這兩年因爲成爲電影《惡人》拍攝地而更廣爲人知。

呼子朝市除了元旦假期，每天早上七點半開始營業，到中午十二點爲止。市場的規模並不大，主要只有一條街，但沿路賣的季節新鮮海鮮、乾物和相關再製品，種類繁多，絕對令海鮮愛好者興奮指數爆表，捨不得離開。

喜歡吃生海膽嗎？在這裡可以享用到價格便宜、保證新鮮的生海膽，而且是由老闆娘親自爲你服務的。我本人是敬謝不敏，但身邊愛吃生海膽的日本人都大快朵頤，開心得不得了。

朝市裡叫賣的老闆們各個朝氣十足，就算是上了年紀的歐巴桑的音量，恐怕都能壓過不少年輕人。停下腳步，看看熱情的她們推薦的好東西吧，都說日本不能殺價，但在這裡，你不開口，老闆娘都會自動爲你降價。

散步在晴朗的朝市裡，感受海港小鎮流竄的熱鬧氣氛，絕對是不同於東京繁華都會的日本印象。

電影《惡人》其中一幕拍攝場景，在

烏賊本家（イカ本家）

add 佐賀県唐津市呼子町呼子3086-2
open 11：00～18：00（週一至週五）
10：00～19：00（週末例假日）
close 不定休
access JR唐津站搭乘巴士至呼子港，約30分鐘
web http://www.ikahonke.jp/

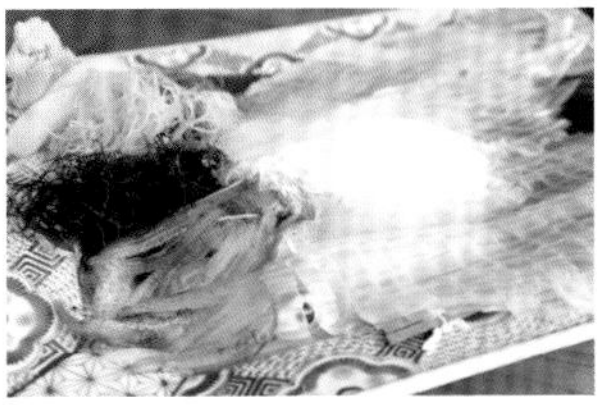

活烏賊切片拼盤

呼子港這間名爲「烏賊本家」的餐廳。如今餐廳外大門口就立著醒目的招牌標示著，店裡也張貼著紀念海報。

「烏賊本家」的招牌菜當然是烏賊。以烏賊爲食材作爲各種料理，是能夠想見的菜色。但，最爲自豪的一道菜，是生吃烏賊。請注意，不是吃生烏賊，而是生吃烏賊！是的，生吃活烏賊。

一盤烏賊生魚片上桌，身體的部分已經被剖開切成細條狀的生魚片，但頭跟觸腳的部分還是活的！是會在你面前動來動去的！看到這個場面，我自然再度敬謝不敏，但隨行的日本工作人員則躍躍欲試。看他們把烏賊頭上的觸腳夾到小盤子裡，然後滴上醬油時，原本就在蠕動的腳，頓時因爲鹽分的關係整個縮起來，我的心也跟著縮了一下。接著，就是把活烏賊送進嘴裡了。

「感覺如何？」我問吃下去的工作人員。「該怎麼說呢？」工作人員想了一會兒，露出詭異的表情說：「吞下去時，你可以感覺到吸盤的存在。」呃，光是用想的就很恐怖了。吃生魚片我還可以理解，但吃活烏賊的意義，我想我還需要時間來思索一下。

看著桌上的烏賊，想來如此生猛的餐廳，配合著《惡人》故事裡主角在此自白著殺人的片段，倒也有幾分死生拔河的對應了。

烏賊本家靠海座位區；烏賊本家店外張貼的《惡人》電影海報（右）

SAGA 04

唐津市

曳山展示場

曳山展示場的大型坐轎

呼子港位於佐賀縣的唐津市。「唐」是對古代中國的通稱，而「津」則是日文裡港口之意。顧名思義，這地方就是古時日本對中國唐代貿易往來的渡口，號稱是從日本出發到大陸距離最短的海上路線。從福岡機場出發，搭乘JR竺肥線・福岡市營地下鐵，最快六十九分鐘可抵達唐津站。若從佐賀站或博多站出發搭乘電車，差不多都是一小時左右可以抵達。

唐津市有不少文化遺跡值得參觀。這次停留唐津市的時間不多，所以只能選擇參訪一處名爲「曳山展示場」的地方。唐津每在秋季會舉辦的「唐津大祭」時，會有遊行的坐轎出巡。這些坐轎在祭典時節之外，就存放在「曳山展示場」供人參觀。每一個坐轎都雕飾得美輪美奐，全是豪華的藝術品，同時都有著文化背景與故事典故，例如有浦島太郎或各種吉祥動物作爲象徵。若恰好在秋天旅遊，趕上了唐津大祭，想必能見證一場精采的大典。

曳山展示場

add　唐津市西城内6-33
open　9：00～17：00
close　11月3日、4日，12月第1個星期二、星期三
12月29日至31日
access　JR唐津站
web　http://www.karatsu-bunka.or.jp/hikiyama.html

SAGA
05

嬉野溫泉

美肌之湯

島根縣的「斐乃上溫泉」、櫪木縣的「喜連川溫泉」與佐賀縣的「嬉野溫泉」，號稱日本「三大美肌湯」，顧名思義就是水質好到一泡就能讓你變成美人肌膚的溫泉。

來到佐賀嬉野溫泉這一晚，投宿的是和多屋別莊。還沒泡湯，首先吸引我目光的是飯店大廳的商店。白色布幔在日光中拉出一個空間，名爲「福結」，販售的是當地手工職人製作的和風紀念品。從香袋、布袋、手機吊飾等生活雜貨，每樣東西的材質和配色都十分和風。

嬉野溫泉的晚餐相當精緻且豐盛，而在享受餐點之際，我也明白這裡除了溫泉本身優質，還有一項名產，就是溫泉湯豆腐。因爲水好，做出來的豆腐也特別美味，豆腐綿密，而豆子的香味亦徹底滲入。湯豆腐煮爛後，豆腐化成液狀，喝起來就是濃密可口的豆漿了。

嬉野溫泉 和多屋別莊

add　佐賀県嬉野市嬉野町下宿乙738
access　JR佐賀站 →（JR特急）JR雄武溫泉站 →（JR巴士）和多屋
web　http://www.wataya.co.jp/index.html

和多屋別莊飯店大廳商品部；
和多屋別莊客房局部（左）

FUKUOKA

福岡

博多灣之風

「學無止境，
無論你是否還是學生，
都來天滿宮拜一拜吧！
教科書以外，
人生裡要學習的東西
實在太多了！」

交通資訊

新幹線

▶行駛路線：

新大阪→博多（福岡）

行駛時間　2小時29分

▶票券購買：

① JR PASS（外國觀光客可利用）

詳細購買、價格與使用方式，請參考官方網站
http：//www.japanrailpass.net/zh/zh001.html

② 福岡市地下鐵一日乘車券 600円

③ 福岡都心巴士一日乘車券 600円

福岡古稱博多，如今仍是對於福岡的愛稱。在我的印象與經驗之中，出身博多的日本人比起其他地方的日本人，更願意接收外來文化，也特別容易跟台灣人打成一片。或許是緯度低，氣候比起日本北方來説較熱，讓這裡的人性格也變得熱情一點；也或許是靠近台灣和中國大陸，自古以來文化就較為親近。

在東京經常接觸到福岡人的我，吃著從福岡來的拉麵，這一回終於踏上本土，感受文化多元的博多灣之風。

能古島公園
http://nokonoshima.com/parkguide/
能古島網站
http://nokonoshima.com/

FUKUOKA 01

能古島

福岡的觀光穴場

很多人都認爲去福岡就只能購物，其實福岡有不少日本人所謂的「穴場」值得一探。日文單字「穴場」指的是隱藏版的好地方，也就是我們所謂的祕密基地。在距離福岡，僅約十分鐘渡船時間的博多灣上，浮著一塊名爲「能古島」的地方，就是被福岡人認作觀光穴場的好去處。

能古島圓周僅有十二公里，人口只有八百人，半農半漁的居民生活，爲對岸繁忙的福岡都會，提供了一處有如世外桃源的祕境。外國觀光客來福岡或許很容易忽略掉能古島，但這裡其實是福岡市民全家大小平常也會來踏青的地方。從「姪浜能古渡船場」出發，搭乘渡船十分鐘左右就可抵達能古島的「能古渡船場」。島內交通以西鐵巴士爲主，能古渡船場前就有站牌，循環的巴士觀光路線，班次約一小時一班。

能古島以能古島公園爲主要觀光景點。這個占地廣大的公園，在不同的季節開出的花，都將這座博多灣上的小島，裝飾得風情獨具的華麗。冬天以水仙爲主，春天是油菜花跟櫻花，秋天則是大波斯菊。能古島公園除了賞花，還提供不少室外休閒運動的場地，甚至還能在此烤肉與住宿。對於一群朋友或家族來說，確實是個休閒勝地。

燦爛青空與湛藍海水的陪伴之中，微涼的風吹拂過臉龐。在廣闊的草坪上，跟朋友或家人打一場羽球或排球，心曠神怡的眞諦，瞭然於心。

能古島公園盛開群花

FUKUOKA 02

太宰府表參道

隈研吾設計的星巴克

最近太宰府突然出現一個新景點，是你我熟悉的星巴克。由日本知名建築師隈研吾操刀設計、位於福岡縣太宰府市太宰府天滿宮的星巴克表參道店，二〇一一年十二月十六日正式開幕。以「自然素材爲本，傳統與現代的融合」是本店的中心思想。這間店的內裝，採用了近兩千根木材交錯組合，並展現從內向外延伸的穿透感。

每個縣市都有著與東京不同的天然資源，造就出九州人跟本州人不同的熱情性格。這個距離台灣最近的日本地區，理應再多花一點時間，深深了解。

STARBUCKS太宰府天滿宮表參道店

add 福岡県太宰府市宰府3-2-43

open 8：00～20：00

access 西鐵電車「太宰府」站

web http://www.starbucks.co.jp/store/concept/dazaifu/

FUKUOKA 03

太宰府天滿宮

學問之神的梅花園

太宰府天滿宮可說是全日本求考試順利、祭祀學問之神「天滿宮」總氏神的所在地。天滿宮祭祀的學問之神菅原道眞，因爲非常鍾愛梅花，所以各地的天滿宮都會種植梅花。

其實，話說日本最初的賞花，看的不是櫻花，而是梅花。《萬葉集》當中寫的多是詠歎梅花的文字，讚賞櫻花只有幾首而已。所以在很久很久以前，梅花比櫻花更受日本人重視。

學無止境，無論你是否還是學生，都來天滿宮拜一拜吧！教科書以外，人生裡要學習的東西實在太多了，既然有神可以加持，何樂而不爲呢？拜完以後，記得到參道上買個名產「梅枝餅」來吃吃吧。剛剛烤出來的紅豆餅，吃了午後萎靡的精神大振，或許對學習效率也有幫助呢。

推

名產梅枝餅

太宰府天滿宮的繪馬（上）；
太宰府天滿宮（下）

太宰府天滿宮

add 福岡県太宰府市宰府4-7-1
open 6：30～19：30
（週五、六至20：00）
access 西鐵電車「太宰府」站
web http://www.dazaifutenmangu.or.jp

FUKUOKA
04

門司港車站

海港風情，與百年前的復古相遇

到福岡必遊的兩個景點，是門司港和太宰府天滿宮。門司港從車站建築開始，就散發著懷舊的氣息，同時還瀰漫著悠閒的海港風情；太宰府天滿宮則流露著日本神社裡一貫的傳統和風，求學問保平安之餘，還能享受參道上的地方美食。

從博多站搭乘電車約一個半小時，可抵達北九州的門司港。JR門司港站是一棟文藝復興時期建築風格的文化遺產，建於一九一四年，時值日本大正年代，故多被形容爲大正風情的懷舊建築。木造兩層樓，保存了許多當時珍貴的建物。

其實從月台上，一下車就能感受到這股古老的氣息。車站月台維持著當年木造的屋頂，而車站內的廁所更是懷舊，從木頭、磨石子地到白磁磚的洗手台，光陰的故事都在這些靜靜的建材中，透露著許多的祕密。而站長室、售票台和休息室也保留了當年的模樣，彷彿像是走進電影布景之中。我想起小時候的台北車站，其實也是日本人留下來的歐風建築。爲什麼當時不選擇從保存的原則中，去改建成新的車站呢？若留存下來，善加維護，應該也是一處美麗的台北風景。

門司港車站

舊門司稅關

門司港是一處值得悠閒散步的好地方。除了門司港車站，其他值得參觀的幾個景點，分別是舊門司稅關、九州鐵道紀念館，以及舊門司三井俱樂部。

這幾個地方，大多是利用過去的建築，老屋新生成迥異的多樣空間。例如舊門司稅關，是一九一二年的建築，外觀與建材類似於橫濱的赤煉瓦（紅磚）相同，這樣風格的建築不知怎的，就是覺得跟日本的海港很契合。建築本身走的是歐風，但屋頂卻又是和風，文化混合之感，頗有風味。內部還設有咖啡館，可以小憩一番。

舊門司三井俱樂部

舊門司三井俱樂部在過去是三井物產門司港分店，用來接待外賓的社交場合。這棟充滿復古風味的建築，從門到窗櫺，到天花板的各種裝飾，都透露著大正時代和洋交錯的氣氛。

而在舊門司三井俱樂部裡最重要的，是來此地享用門司港的名物：門司港焗烤咖哩（焼きカレー）。其實整個門司港都能吃到焗烤咖哩，只是若選在這裡吃，感覺氣氛特別好。焗烤咖哩套餐是日幣一五〇〇圓左右，最特別的是裡面還添加了香蕉片一起烤，咖哩香味配上香蕉甜味，出乎意料的相配。最後，連甜點果凍裡也有香蕉。

原來，在日治時代，門司港是專門進口香蕉（包括台灣香蕉）的日本港口，所以香蕉也成爲門司港的象徵性水果。跟香蕉同名的藝人「Banana Man」甚至還在這裡立有塑像呢。

鐵道紀念館的列車展示

舊門司稅關內部屋頂

幸運的手水缽

九州鐵道紀念館

九州鐵道紀念館是以九州鐵路歷史發展為展示的主題館。在這裡不只能一覽九州鐵路的進展，踏進當年的列車車廂感受歷史氣氛，另還設有車輛展示場，將各種珍貴的火車頭搬進公園展示。喜歡火車的鐵道迷，自然不能錯過。

❀ 門司港車站

add 福岡県北九州市門司区西海岸1-5-31
web http://www.mojiko.info/3kanko/spot_eki.html

❀ 舊門司三井俱樂部

add 福岡県北九州市門司区港町7-1
open 9：00 ~ 17：00
access JR門司港站
web http://www.mojiko.info/3kanko/spot_mitui.html

❀ 九州鐵道紀念館

add 福岡県門司区清滝2-3-29
open 9：00 ~ 17：00
close 每月第二個星期三（8 月除外）、7月休第二個週三與週四
access JR門司港站
web http://www.k-rhm.jp

推

添加香蕉的
門司港焗烤咖哩

OKINAWA

沖繩

交通資訊

那霸市內搭乘捷運「ゆいレール」

路線圖　http://www.yui-rail.co.jp/guide/

▶行駛路線：

由那霸前往本島北部或西海岸，若不租車，必須搭乘路線巴士移動。

詳細搭乘方式與對外聯絡路線圖：
http://www.visitokinawa.jp/itineraries/northern-okinawa-by-bus?lang=zh-hant

▶票券購買：

捷運「ゆいレール」

一日乘車券：成人800円，孩童400円
二日乘車券：成人1,400円，孩童700円

用沖繩美味封緘記憶

「沖繩是用陽光、海灘跟美食去記憶的。」

台灣跟沖繩如此之近，不親自去一趟，可能很難想像。沖繩最南端的與那國島，距離台灣陸地只有一百二十公里。事實上包括與那國島在內，波照間島、西表島、石垣島和宮古島，位置上甚至比台北還要再南方一點。其實不僅是距離上的近，連當地的飲食、建築跟文化，都跟台灣很貼近，反而與日本本土有點距離。

OKINAWA
01

美麗海水族館

夏日沖繩

沖繩本島北部，有座出名的「美麗海水族館」，展示魚類以黑潮沖繩海裡的生物爲重心。參觀動線從三樓開始，由珊瑚礁之旅展開序幕。除了觀看，還可以親手觸摸。像石頭一樣的珊瑚，很難想像其實是活蹦蹦的生物。最吸引人的還是位於二樓到一樓的黑潮世界與深海之旅了。號稱世界上最大的鯨鯊水槽中，飼養著巨大的鯊魚；深海水槽裡則收集著各種奇形怪狀、神祕的海底生物。除了水族館本館，室外的海洋博公園內分布幾個景點。最具人氣的，當屬聰明絕頂的海豚秀表演。烈日當空，海豚、表演人員跟遊客肯定都熱到不行吧，但笑聲與掌聲，令人忘卻了溽熱煩悶。

水族館內的巨大水槽邊設置了咖啡座，因此，可以挑個緊鄰水槽的位子用

館內海星觸摸區；水族館內設置的海景咖啡座（右）；美麗海水族館遠眺沖繩海域（下）

餐，以大海深藍的奧妙視野佐餐，是多麼奢侈的風景哪。水族館四樓另有餐廳，在這裡則可以眺望到不遠的大洋風情。特別推薦在中午時段來這間午餐吃到飽的自助餐餐廳「Ino」，當然不只是因爲風景好，而是只要日幣一二六○圓，就可以吃到以各種沖繩食材料理而成的餐點，相當划算。

離開水族館前，當然不免要逛一逛紀念品店。水槽裡各種魚類，在商店裡都被製作成了可愛造型的玩偶跟相關商品。水族館的魚帶不走，就選購個玩偶做紀念吧。在熱到快令人融化的夏日沖繩，看見了，就會想起深深大海的沁涼。

沖繩美麗海水族館
（沖繩美ら海水族館）

add　沖縄県国頭郡本部町字石川424
open　8:30～20：00（3月～9月）
18:30（10月～2月）
close　12月第一個星期三與隔日
access　那霸巴士轉運站
搭乘高速巴士111號
→ 名護巴士轉運站
→ 路線巴士（65、66、70號）
→「記念公園前」站下車
web　http://churaumi.okinawa/tc/

推

美麗海水族館的玩偶紀念品

BIOS之丘（ビオスの丘）

add　沖縄県うるま市石川嘉手苅961-30
open　9：00～18：00（最後入園17：00）
access　那覇巴士轉運站→
名護巴士轉運站
（琉球巴士 沖縄巴士「名護西線20號」
→「石川インター」下車，轉搭計程車上山
web　http://www.bios-hill.co.jp/

OKINAWA 02

BIOS之丘

避暑品味沖繩美食

西海岸以讀谷村、URUMA市和恩納村為主，聚集最多大型渡假村飯店與美麗白色沙灘。在這些渡假村飯店周圍，有很多美味可口的人氣餐飲店、豐富的天然景觀、世界遺產。

沖繩西海岸有個地方叫作「BIOS之丘」，是當地出名的亞熱帶植物園，以種植亞熱帶種類繁盛的植物聞名，就像是一座小森林，在這裡可以看見很多特別的水果或植物。對生活在溫帶國家的日本人來說，沖繩或台灣的植物是截然不同的，因此這裡特別受到本島日本人的歡迎。

除了植物園，在BIOS之丘裡我最愛的行程是搭乘湖水觀覽船，在森林夾道約一公里的河水中體感叢林。觀覽船上

沖繩料理塔可飯（左）；沖繩料理蕎麥麵（右）

遊客乘坐湖水觀覽船；
雙人乘坐獨木舟出航（右頁）

配有解說員，生動幽默的戲劇口吻，讓植物彷彿也拿了劇本一樣，更加鮮艷了起來。當然你也可以租賃獨木舟，親手划船享受悠閒時光。不過，天氣那麼熱，搭船還有棚子遮陽，划獨木舟得直接用腦袋瓜接烈陽，我想，那並不是適合本人的活動。決心就是要跟太陽過不去的，歡迎試試！

BIOS之丘裡的OMORO茶屋（おもろ茶屋）是適合避暑、吃午餐或下午茶的首選之地。店內全是道地的沖繩料理，像是塔可飯、沖繩蕎麥麵或沖繩獨特的豬肉飯等，都是極度下飯的餐點。吃完飯，不如來支冰淇淋吧！沁涼的冰品潤喉下肚，即使知道並不是什麼健康食物，但吃了就是感到爽快。生活嘛，偶爾就應該這樣。

OKINAWA 03

琉球村

體驗琉球王朝的風情

從名護巴士轉運站搭乘111號巴士到世富慶（往那霸方向）以後，在原地等候另外一條路線120號巴士（往那霸方向），在RENAISSANCE HOTEL下車。總計約一小時車程。將行李寄放在飯店櫃台後，就往琉球村方向動身。琉球村靠近RENAISSANCE HOTEL，同樣是搭乘往那霸方向的路線120號巴士，約二十分鐘即可抵達。

琉球村是感受琉球王朝氣氛的文化園地。許多超過一百五十年以上的琉球古民宅，原封不動搬遷到這裡展示，重現當年琉球王朝的風情。其中有五戶民宅與兩棟建築，登錄在日本國有有形文化財之下。

琉球村以「體驗」沖繩文化爲訴求，所以，這裡安排了當地人，帶領觀光客一起進行各種傳統工藝的手工體驗。像是製作「琉球燒」玻璃、穿著琉球風格的衣裝跟體驗製糖流程。不過這些體驗課程需另外付費。

各種體驗，寓教於樂。只是，有趣歸有趣，最終仍逃不開一個字：熱。在琉球村裡的天氣好得不像話，拍出來的照片從藍天到花草，每張照片的顏色都好鮮艷。其實，造就這樣美景，就是熱到令人發暈的天氣。

走在太陽底下，真的要小心不要中暑。然而，比起遊客，我更關心（多少帶著不可思議）的反而是在那裡工作的沖繩人。每個人都汗流浹背，甚至還要穿著傳統服飾坐在庭園裡彈三味琴，真的很辛苦。或許已經習慣了，但到底也不是享受吧。總之爲了工作，大約苦衷也只能吞在音樂裡，苦中作樂了。

琉球村

add 沖縄県国頭郡恩納村山田1130
open 9：00～17：00（冬季）
9：00～18：00（夏季）
access 那覇巴士轉運站
→（往「名護」方向的琉球巴士・沖縄巴士）
→琉球村前
web http://www.ryukyumura.co.jp/

Okinawa_F1 Coco Garden Resort 飯店
附設游泳池

OKINAWA 04

沖繩西海岸

渡假村聖地

沖繩西海岸是渡假村聖地，這裡的白沙灘最適合進行水上活動，所以這一帶也聚集相當多的休閒飯店。所謂休閒飯店，當然就是得有relax的感覺啦！飯店走出來就是沙灘，這是最理想的。如果沒有，至少也該有座美麗的游泳池。

這次到訪沖繩西海岸，挑選了一間名爲Coco Garden Resort的飯店。環境算是不錯，雖然有點偏遠，不過因此更顯幽靜。飯店在綠意盎然的樹林裡，令人忘記沖繩夏日的炎熱。飯店設有圖書館，當然，擺的全是日文書。看不懂沒關係，渡假村逛累了，來這裡休息吹吹冷氣，裝氣質也好。另提供可以上網的電腦。

Coco Garden Resort是另一間飯店，Renaissance Resort的姊妹店。抵達Coco Garden Resort時，必須先在Renaissance Resort轉搭接駁車，這是唯一的公共交通方式。Renaissance Resort可以直接從機場搭機場巴士抵達。不過飯店有接駁車時刻表，先查時間表的話，進出也不是太麻煩的。另外，雖然Coco Garden Resort本身只有游泳池沒有沙灘海水浴場，但可以免費使用Renaissance Resort的海水浴場。

Coco Garden Resort

add　沖縄県うるま市石川伊波501
access　那霸機場 → Renaissance Resort → 接駁車 → Coco Garden Resort
web　http://www.cocogarden.com

飯店天井望向湛藍天空；
飯店內的圖書館（右）

OKINAWA
05

美食飄香首里城

沖繩在納入日本國土以前，琉球王朝已存在了將近四百五十年。首里城就是當年琉球王朝留下來的遺跡。當年大部分的建築因爲在二次大戰時毀於戰火，因此後來再看見的首里城建築，多是復原重建的。遺憾的是，二〇一九年十月底半夜的一場火又將首里城再次燒毀。那一夜，火苗延燒一整晚，將正殿、南殿和北殿全陷入火海，化爲灰燼。

原有的首里城正殿，堪稱是沖繩境內最大的木造建物，建築本身的設計也受到中國影響很深。因此，走進首里城內部參觀時，很像是來到中國大陸的某一棟皇朝建築。二〇〇〇年這裡登錄爲世界遺產，不過指的是「首里城跡」（地下遺跡），而非建築本體。雖然燒毀的首里城建築本來就不是古蹟，但卻一直都是沖繩人的精神象徵，當然也是吸引外

地人的觀光聖地。再次燒毀後，沖繩已經啓動了首里城復興再建計劃，希望能在最快的時間內，讓首里城重見天日。是否依然堅持全木造建築？以及如何加強文化保存建築的消防措施，是必須慎重思考的問題。

琉球茶房

通往首里城的路上，其實巷弄裡隱藏著許多沖繩美食。像是這間琉球茶房Ashibiuna就是極具當地風采，以專售琉球鄉土料理的風格餐館。從沖繩蕎麥麵、沖繩豬肉飯到沖繩泡盛美酒，這裡的餐點都烹調得相當精緻。當然像是沖繩的名產苦瓜，也有多種料理方式。我特別喜歡一道將原本只是加在湯裡的麵麩，用豆芽跟碎蛋炒成的蛋麩熱炒，是只有在沖繩當地才吃得到的料理方式。熱炒的麵麩，吃起來像是柔軟的油豆腐皮，清淡的口感恰恰適宜溽熱的夏日，讓人胃口大開。餐廳分成兩大視覺景色，一是室內木造的和式風格，另外則是室外綠蔭盎然的庭園，無論坐在哪裡用餐，都是享受。

首里城原來不只有歷史文化，美食藏在城裡的小巷中，記得有機會來玩時，不要趕著離開去下一個景點，好好發掘首里城中的現代祕密吧。

琉球茶房（あしびうなぁ）

add　沖繩県那霸市首里當藏町2-13
open　11：00～15：00
17：00～23：00（L.O.22：00）
close　不定休
access　捷運首里站，徒步15分鐘
web　http://www.ryoji-family.co.jp/ryukyusabo.html

傳統沖繩筷子造型；琉球茶房木造和式包廂；首里城正殿（由左至右）

推

沖繩料理蛋麩熱炒；沖繩蕎麥麵（右）

OKINAWA
06

沖繩的廚房，第一牧志公設市場

體驗市井小民家庭味

倘若不想離開那霸市區，而要體驗市井小民家庭味的沖繩料理，那麼在國際通上中段的「第一牧志公設市場」（以下簡稱：牧志市場）應該是最好的選擇了。

有「沖繩的廚房」美譽的牧志市場，一樓是專賣蔬果魚肉的傳統市場，各式各樣種類豐富的食材，都能在這裡尋獲。有些生鮮產品不方便帶回台灣，則可以選購一些經過處理的名產或佐料。像是沖繩代表性美食塔可飯的醬料，在這裡同樣的品牌，會比在那霸機場買便宜一些。

在一樓購買的生鮮魚肉，有些店家提供顧客到二樓的餐廳區，由指定的店家現場料理來吃。費用是食材費，加上每人五〇〇日幣的烹飪費。

牧志市場樓上是設有食堂構成的餐廳區，每一家有類似的料理，但也有各自專賣的菜色。原有的市場因為過於老舊，因此在二〇一九年七月開始進入整修。場內的店家都暫時搬遷到了臨時市場繼續營業，目前預計在二〇二二年四月回到原址重新開幕。臨時市場位於牧志市場不遠處，是棟兩層樓的組合屋建築，雖然簡陋了一點，但依然能夠在這裡享受到原本市場內的絕贊美味。

第一牧志公設市場肉舖

第一牧志公設市場

add　沖繩県那霸市松尾 2-10-1
（臨時市場地址：沖繩縣那霸市松尾 2-7-10）
open　8：00 ～ 21：00 左右（各店家營業時間不同）
access　捷運牧志站，徒步前往「國際通」至中央市場通內
web　http://kosetsu-ichiba.com/

推

「道頓崛」販售的沖繩蕎麥麵

OKINAWA 07

波照間及琉球甘味琉宮

波照間

add　沖繩県那覇市牧志1-2-30
open　11：00～24：00
access　捷運牧志站，徒步前往「國際通」
web　http://hateruma.jcc-okinawa.net

琉球甘味琉宮

add　沖繩県那覇市松尾2-10-1（第一牧志公設市場2樓）
open　10：00～18：30
close　週四
access　捷運牧志站
徒步前往「國際通」至中央市場通內
web　https://ryugu.co.jp/

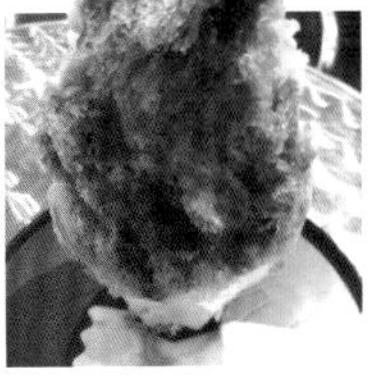

推

裹著綠色海苔和麵衣酥炸的魚肉；沖繩黑糖刨冰（左）

海苔魚肉鹹香酥軟，黑糖刨冰劃下句點

離開牧志市場，在夜裡熱鬧非凡，帶著南國風情的國際通上，也有不少裝潢得風情獨具的沖繩料理餐廳可供選擇。如「波照間」沖繩料理一樓是普通的餐館，上了二樓則有安排民族歌藝的演出。在波照間裡，我吃到一種裏著綠色海苔和麵衣去炸的魚肉，沾著沖繩海鹽一道入口，外酥內軟，鹽味帶出海苔味，又引出魚肉的香氣，是難忘的滋味。

沖繩是用陽光、海灘跟美食去記憶的。在沖繩之旅落幕之前，當然還是要以「吃」作結囉！來沖繩不吃冰怎麼可以呢？最後就走進沖繩連鎖的著名冰品店「琉球甘味琉宮」來一盤「高人一等」的黑糖刨冰吧！水感十足，入口即化，感覺充滿空氣感的刨冰，淋上沖繩黑糖水，再熱也沁涼了起來。這個夏天，就這樣冰冰涼涼的，封緘在記憶深處吧。

日本·一日遠方 暢銷增訂版

發現隱藏版日本！36個一定要走的經典輕旅行

作者　張維中
攝影　張維中、川昭浩（和歌山篇章部分照片）
執行編輯　溫芳蘭
文字整理　紀瑀瑄
資料更新　蔡曉玲
設計　mollychang.cagw.
責任編輯　詹雅蘭
行銷企劃　郭其彬、王綬晨、邱紹溢、陳詩婷
總編輯　葛雅茜
發行人　蘇拾平

出版　原點出版 Uni-Books
台北市105松山區復興北路333號11樓之4
Facebook　Uni-Books 原點出版
Email　uni.books.now@gmail.com
電話　（02）2718-2001　傳真　（02）2718-1258

發行　大雁文化事業股份有限公司
台北市105松山區復興北路333號11樓之4
24小時傳眞服務　（02）2718-1258
讀者服務信箱　Email:andbooks@andbooks.com.tw
劃撥帳號　19983379
戶名　大雁文化事業股份有限公司

增訂初版2刷　2022年10月
定價　450元
ISBN　978-957-9072-63-2

國家圖書館出版品預行編目（CIP）資料
日本．一日遠方（暢銷增訂版）：發現隱藏版日本！36個一定要走的經典輕旅行／張維中著.
--初版--臺北市：原點出版：大雁文化發行，2020.2月，304面；17×23公分
ISBN 978-957-9072-63-2（平裝）

1.旅遊　2.日本
731.9　　109000497

OMO
2706
OMOCHA DENSHA
ワンマン
OMODEN
おもちゃ電車
和歌山電鐵貴志川線

ECHIGO-
TSUMARI

旅客鉄道会社全線（JR全線）
¥11500 23. 7.30
60454 01